Cómo saber si alguien miente

Ana Cuevas Unamuno

Cuevas Unamuno, Ana
    Como saber si alguien miente - 1a ed. - Buenos Aires :
Dos Tintas, 2006.

    1. Autoayuda. I. Título
    CDD 158.1

índice

HISTORIA DE DOS SORPRESAS

> Historia de dos sorpresas

Una tardecita en que regresaba desalentada y furiosa a mi casa, un cartel en el que se solicitaba una recepcionista para consultorio llamó mi atención. Sin pensarlo toqué timbre y antes de que la mujer pudiese hablar le dije:

—Mire, no tengo experiencia porque es la primera vez que busco trabajo, pero aprendo rápido, soy dispuesta y además... soy buena persona.

La mujer sonrió, me hizo pasar y al cabo de media hora estaba contratada. La primera sorpresa la tuve cuando descubrí que no se trataba de un consultorio médico sino ¡sentimental! La segunda, cuando mi nueva jefa me habló del lenguaje corporal con el que nos comunicamos todo el tiempo por medio de gestos y expresiones, y luego de preguntarme cuán intuitiva era afirmó que eso (la intuición) podía entrenarse.

Hasta aquel momento nunca me había parado a pensar detenidamente si existía un lenguaje en nuestras manos, en nuestro cuerpo, en nuestros ojos; me sentí francamente tonta. Por suerte poco después comprobé que no era la única ignorante, pues cuando iba a las librerías a pedir información o cuando comentaba el tema de mi trabajo con mis amigos, muchos pensaban, tal como había pensado yo, que la comunicación no verbal era un lenguaje de sordos. Pues no, no lo es. Es, en cambio, el lenguaje primario más básico que utilizamos diariamente en toda ocasión: lo sepamos o no. De hecho usamos constantemente montones de frases que delatan la lectura que hacemos del lenguaje corporal, como por ejemplo cuando decimos: "Juan lleva una carga pesada sobre sus hombros". "Esteban es sanguíneo o muy "flemático"; "aquel camina con pies de plomo" o "María siempre da la cara...".

Conocerlo es conocer al otro y a nosotros mismos, me dijo mi nueva jefa. ¡Y resultó cierto!

¿A quién no le gustaría saber cuándo alguien le miente o le intenta engañar? ¿Quiénes de nosotros no quisieran saber cómo comportarse para lograr sus objetivos, sean estos un puesto de trabajo, una relación o una mejor inserción social?

¿Qué tal si ahora lo compartimos?

¿DE QUÉ SE TRATA?

> ¿De qué se trata?

Como dije el lenguaje no verbal, llamado también lenguaje de los gestos o lenguaje corporal, habla de todo lo que transmite información más allá de las palabras: partes del cuerpo, gestos, expresiones, movimientos. Cuando comenzamos a sumergirnos en él, vamos pasando por diversas etapas; primero, el asombro; luego, el temor (a que los otros puedan saber de nosotros); más tarde, suele embargarnos una suerte de soberbia irracional en la que suponemos que podemos saber todo; al final comprendemos que: ¡El cuerpo es mucho más sabio que la mente y cuando no está de acuerdo con nuestras palabras se las ingenia para delatarnos! No importa cuánto aprendamos, ni cuánto dominemos el lenguaje no verbal queriendo engañar, siempre habrá algún gesto que desmentirá lo que intentamos decir. ¿Por qué?

Pues porque el cuerpo reacciona instintivamente cuando algo le agrada o le desagrada y no obedece a razonamiento alguno si está en desacuerdo. ¿Eso quiere decir que no sirve de nada?

No, por el contrario: significa que es muy útil pero no mágico ni ilimitado. Los políticos, vendedores, conferencistas, terapeutas y muchos otros aprenden a manejar su lenguaje no verbal con el fin de obtener el logro de sus objetivos, sabiendo que nada es infalible pero sí puede resultar útil, y de hecho mejoran muchísimo su rendimiento.

No reparamos en ello, pero uno de los sucesos más complejos de la vida es el encuentro con otra persona; en ese momento un gran número de señales se disparan de forma inconsciente y comienza el intercambio de mensajes a través de los gestos corporales. El cuerpo tiene su propio lenguaje, tan expresivo que comunica más que las palabras. Según los especialistas, en toda comunicación la mayor parte de la información la transmitimos (y recibimos) por medio de una infinidad de gestos y movimientos corporales y la porción más pequeña por medio de las palabras. En una conversación el 65 por ciento de la comunicación se produce de forma no verbal, las palabras son el 35 por ciento restante, e incluso afirman los expertos que influyen más el tono y los matices que las palabras, ya que éstas pueden llegar a engañar pero los gestos corporales y los tonos son delatores ¿No es curioso? ¡Cuánta información desaprovechada por no saber qué ni dónde mirar, ni qué y cómo interpretar! Por eso conocer este lenguaje ayuda a aprender más sobre uno mismo, a mejorar las relaciones con los demás y a saber qué tipo de persona tenemos delante. No es poco.

1/ Lo que el cuerpo nos dice

El cuerpo, cómplice del Ser, participa queramos o no en cada instante de nuestra vida. Ni como un mal necesario, ni como un apéndice de la mente, sino de manera activamente. Es común que sólo pensemos en él como adorno estético, preocupándonos por si se lo ve bien o no, si está gordo o flaco, atractivo o arrugado, si duele o no; también en ocasiones lo tomamos como un simple envase encargado de transportarnos, de sernos útil y de ser posible pretendemos que no nos exija demasiado. A tal punto tendemos a ser desconsiderados con él que incluso llegamos a olvidarlo, descuidando lo que comemos, el buen descanso, o el ejercicio físico.

A pesar de nuestra falta de consideración, el cuerpo no desiste, se comunica con el mundo exterior tanto como lo hace con nosotros mismos, esperando siempre paciente a que queramos escucharlo.

Basta detenernos unos minutos para comprobar este hecho. Supongamos una situación en la que acordamos con lo que otro nos dice, involuntariamente la cabeza asentirá, sea que lo hagamos verbalmente o no, en ambos casos el otro comprenderá. Siguiendo con los ejemplos imaginemos que estamos en una situación incómoda; sin necesidad de premeditación los brazos se cruzarán frente al pecho trazando una barrera que nos protege. Una sonrisa forzada, un suspiro, la tensión del cuello, los ojos "saltando de las órbitas", son algunos escasos ejemplos de cómo hablamos con el cuerpo. Un ataque de tos justo cuando estamos por mentir, una picazón insoportable cuando quiere abrazarnos alguien que nos produce rechazo, son por el contrario mensajes que el cuerpo nos da a nosotros y que no siempre respetamos.

Del mismo modo que el cuerpo (o los gestos) acentúan o refuerzan lo que decimos, en otras ocasiones expresan su desacuerdo profundo, por ejemplo transpirando fuertemente cuando se miente o se fuerza una situación, realizando gestos involuntarios que contradicen lo dicho. Por este motivo las situaciones personales se resuelven mejor cara a cara que por teléfono u otro medio, donde se puede perder una importante parte del mensaje, aunque también la voz transmite mucha información; de hecho, según los especialistas "la voz delata", ¿qué?, ¡todo!: El estado de ánimo, el nivel de autoestima, lo real o falso de lo dicho.

Los silencios también transmiten mucha información sobre cómo se encuentra realmente el otro, sin embargo al hablar por teléfono nos faltará "ver para leer" el cuerpo. ¿Cuántas veces uno piensa al oír a otro, qué cara tendrá, qué gestos estará haciendo?

Es que las miradas y los gestos de apoyo son imprescindibles para trasladar sentimientos a las personas de nuestro entorno, especialmente la mirada y las manos resultan instrumentos muy precisos para transmitir los estados de ánimo, por lo que hay que saber utilizarlas como apoyo para enfatizar argumentos o ideas.

En síntesis: ciertos gestos se pueden fingir, pero no todo el cuerpo actúa de la misma manera, las cejas, la risa, la pupila de los ojos y otros pequeños detalles seguramente nos delaten. Por regla general, cuando estamos mintiendo o forzando una situación, el cuerpo no lo soporta y se las ingenia siempre para manifestar su desacuerdo, claro que en personas bien entrenadas en el manejo de su lenguaje corporal será más difícil detectar las señales contradictorias, lo que no significa que sea imposible sino que requiere saber qué mirar.

Hablar de los gestos del lenguaje corporal es abarcar un sinfín de ellos y descubrir que no todos los actos que realizamos son iguales. Hay actos llamados por los especialistas "emblemáticos"; son actos no verbales que tienen una sola traducción y que, por tanto, son conocidos por todos los miembros de una sociedad. Ejemplo: agitar el puño (señal de cólera), o bostezar (señal de aburrimiento). Sin embargo hay diferencias en distintas culturas a la hora de usar algunos de estos gestos. Por ejemplo: los romanos y los griegos no negaban con un movimiento lateral de la cabeza a izquierda y a derecha, tal como solemos hacer; su emblema consistía en echar la cabeza hacia atrás. Este gesto se mantiene al día de hoy en la Italia meridional, al sur de Nápoles, en Sicilia, Malta, Grecia y Turquía.

Otros actos son llamados "ilustradores"; son los actos no verbales ligados al discurso hablado, por eso ¡"ilustran" lo dicho! La cabeza y los ojos, por ejemplo, pueden remarcar lo que dijimos; un cambio de postura puede significar un nuevo tema; y una mirada podrá coincidir con pausas verbales.

A otros gestos se los llama "adaptadores", porque son el resultado de un aprendizaje, como por ejemplo no apoyar los codos en la mesa, no escupir en cualquier lado, o no tener un berrinche en público. Por lo general estos gestos los usamos para dominar las emociones o satisfacer las necesidades propias y/o ajenas. La mayoría se relaciona con sentimientos negativos, miedos, represiones, o creencias culturales. ¿Quién no escuchó de chico órdenes tales como: no hay que reírse fuerte, no hagas escándalos, quédate quieto...?

Los actos (o gestos) llamados "reguladores" son aquellos que regulan la naturaleza del hablar y el escuchar entre dos o más personas. O sea, indican al hablante que continúe, repita, se extienda en detalles, se apresure, haga más ameno su discurso, conceda su turno de hablar, y así sucesivamente. Los reguladores más familiares son los movimientos de cabeza y el comportamiento visual que llevan a cabo un papel importante en el saludo y en la despedida.

También conocemos los llamados "gestos comunes" o "gestos básicos", que suelen ser los que están más universalizados: mover la cabeza para afirmar o negar algo, fruncir el ceño en señal de enfado, encogerse de hombros que indica que no entendemos o comprendemos algo, etc; entre estos, también hay gestos que vienen heredados del reino animal, como puede ser enseñar los dientes en señal de enfado (agresividad), o inclinar la cabeza en señal de estar prestando atención.

Otros gestos comunes adquiridos son el signo del "ok" que hacemos con los dedos o el conocido signo de la "V", como símbolo de la victoria o el triunfo –popularizado por Winston Churchill, en la Segunda Guerra Mundial– o el signo del pulgar levantado, de los que hablaremos luego. Si bien estos gestos son comunes en la mayoría de los países, en otros pueden significar cosas distintas, por lo que dependiendo de dónde estemos es importante primero conocer los códigos, para recién después interpretarlos.

Aún así no es acertado por más que sepamos qué significa determinado gesto interpretarlo de forma aislada, pues es muy fácil equivocarse al sacarlo de contexto.

2/ Señales culturales, genéticas e innatas

El lenguaje no verbal de cada uno es en parte personal y en parte un lenguaje que se construye a medida que crecemos.

Del mismo modo que adquirimos pautas de comportamiento, creencias, costumbres y rituales cotidianos, a medida que crecemos dentro de un contexto familiar, social y cultural, adquirimos cientos de gestos de modo totalmente inconsciente. Podemos decir que nos "construimos" con ellos y como forman parte de nuestra naturaleza suelen pasarnos totalmente inadvertidos.

Hay por lo tanto tres clases de gestos: los adquiridos como herencia cultural a partir de la formación que recibimos; los genéticos, que vienen impresos en nuestro ser y nos caracterizan como parte de una familia, una raza, una cultura y los innatos, que son propios de cada uno de nosotros.

Los gestos innatos y genéticos tienen en común ser aquellos que todos poseemos sin haberlos adquirido de modo alguno. Nacemos con ellos: como el gesto de succión que todo bebé utiliza apenas nace, o la sonrisa que ya se esboza desde el comienzo de la vida, aun en niños ciegos. A su vez se diferencian pues mientras los innatos son incontables y personales, los genéticos pueden enumerarse y son compartidos por todos los seres humanos, tal como el mencionado ejemplo.

Dentro de los genéticos están los comportamientos universales que están condicionados por la anatomía humana, como son por ejemplo:

• El signo de la comida, que consiste en llevarse las manos a la boca, ya que para todos los seres humanos la mano y la boca están en el mismo sitio.

• Mover la cabeza de un lado para otro para expresar negación también es innato. Por ejemplo, es un gesto que ya utilizan los bebés para decirnos que no quieren más leche, al mover la cabeza rechazando el pecho de la madre.

• Encoger los hombros para manifestar que no sabemos o entendemos lo que nos están diciendo.

• Usar la sonrisa para expresar alegría.

• Fruncir el ceño cuando se está enfadado.

Todos estos son genéticos y universales dado que los compartimos todos los seres humanos.

Hay otros gestos comunes que no se ha logrado comprobar con certeza absoluta si son genéticos o aprendidos, tal como el modo de cruzarnos de brazos. Para comprobarlos antes de leer prueba cómo los cruzas. Algunos cruzamos el brazo izquierdo sobre el derecho y otros lo hacen de modo contrario, o sea derecho sobre izquierdo, en ambos casos mientras que una manera puede resultar cómoda la otra puede parecer errónea. Por ello, la evidencia sugiere que ese gesto puede ser también genético y que no puede cambiarse. La mayoría de los hombres se ponen el saco por la manga derecha y la mayoría de las mujeres por la izquierda, entonces cabe preguntarnos si es una reacción innata o se ha aprendido de forma inconsciente de otros hombres y/o mujeres. Ciertas expresiones faciales que delatan emociones intensas son también constitutivas de nuestra genética, la palidez del miedo, el rubor de la timidez, el acaloramiento de la ira, el llanto ante el dolor y la sonrisa (y risa) que brota espontánea, el fruncido de las cejas ante el enojo.

La tendencia a establecer contacto táctil con lo que nos rodea, personas o cosas, es considerada también una gestualidad genética, más allá de las modificaciones que dicha tendencia va adquiriendo a medida que crecemos.

Muchos de nuestros gestos podemos verlos en los simios y sus significados resultan sorprendentemente similares, por ejemplo: el animal indeciso entre huir o atacar, se sentará y se rascará furiosamente, o se tirará del pelo con nerviosidad, mientras realiza gestos amenazadores. Los especialistas en comunicación humana sugieren que cuando nos rascamos en público, difícilmente sea porque nos pique y que la serie de gestos que realizamos para tratar de mejorar nuestro aspecto, realmente no persiguen ese fin. El significado exacto de estos gestos varía según la situación. El arreglarse, por ejemplo, puede implicar una introducción al galanteo. Pero muy frecuentemente, parece reflejar alguna tensión interna que no tiene otra salida posible en ese momento.

En cuanto a los gestos innatos de cada ser humano, es decir aquellos que no son genéticos ni aprendidos sino propios, resulta imposible precisarlos pues son incontables. Algunos pocos ejemplos son jugar con el cabello, tocarse la oreja, o la nariz, cruzar los pies en busca de mejor base de apoyo, alisarse la ropa, acomodarse los anteojos, jugar con los dedos, en fin millares de pequeños gestos que nos caracterizan y hacen a nuestra particular personalidad.

Los llamados gestos culturales son aquellos que resultan comunes en determinada cultura, como por ejemplo el uso de la mirada.

En nuestra cultura occidental aprendemos que quien dice la verdad mira de frente, mientras que quien miente esquiva la mirada; eso no siempre resulta cierto, ya que en algunas culturas, como la islámica, mirar de frente es considerado de mala educación. Para nosotros el interés o la atención se muestra con un contacto visual intenso, inclinación de la cabeza y asentimientos repetidos, mientras que en otras culturas es la escucha atenta y no la mirada la que denota las mismas emociones. Los occidentales suelen ser manifiestamente expresivos de sus diversas emociones (si viven en climas tropicales) o tender a una expresividad controlada (si viven en climas fríos). Por otra parte los orientales, sobre todo en China y Japón, suelen mostrar una sonrisa cortés sea cual fuere la emoción que los embarga pues así lo exigen sus normas culturales.

Así como el lenguaje hablado difiere en culturas diferentes, el lenguaje no verbal también puede variar. Un gesto puede resultar común y tener un significado conocido en una cultura y desconocerse o interpretarse distintamente en otra. Para demostrar esta afirmación tomaremos como ejemplo las interpretaciones y consecuencias de los tres gestos más comunes de la mano de los que hemos hablado: el del "ok", el del pulgar hacia arriba y el de la "v".

El gesto del "ok": ("Todo bien"). Se hace formando un anillo con los dedos pulgar e índice, dejando alzados los otros tres dedos. Es común en todos los países de habla inglesa y en Sudamérica por adquisición o copia y aunque la expresión se difunde con rapidez por Europa y Asia, en otros lugares tiene otros orígenes y otros significados. En Francia también puede significar cero o nada; en Japón dinero, y en algunos países del Mediterráneo indica un orificio, usándose a menudo el gesto para indicar que un hombre es homosexual.

El signo del pulgar alzado: ("Sin problemas"). Es un gesto que ya usaban los romanos en su circo para determinar si el vencido en la batalla debía vivir o morir. En Gran Bretaña, Australia y Nueva Zelanda, el gesto de levantar el pulgar tiene tres significados: el de pedir que lo admitan a uno en un vehículo, como lo hacen los que viajan "a dedo"; el de "todo bien" como el gesto de "ok", y en sentido negativo, cuando se levanta el pulgar con brusquedad se convierte en una señal de insulto que indica "en el tuyo". En algunos países, como Grecia, el significado principal es un insulto: "¡Vete a la m...!" . Cuando los italianos cuentan de uno a cinco levantan el pulgar para decir el uno y el índice para el dos. La mayoría de los australianos, norteamericanos e ingleses levantan el índice para el uno y el mayor para el dos, así que el pulgar vendría a indicar el cinco.

El gesto de la "V": Este gesto (del que hablamos antes) es popular en Australia, Nueva Zelanda y Gran Bretaña y se interpreta como "arriba", cuando se la hace con la palma hacia afuera, porque con la palma hacia adentro simboliza un insulto obsceno. Al mismo tiempo este gesto significa el número dos en muchas zonas europeas.

Otro gesto claramente cultural es el saludo. Hay culturas en las que se dan un beso; en otras se dan un beso en cada mejilla; en otras no se besan o lo hacen sólo los hombres.

Por tanto, los ejemplos demuestran que las diferentes interpretaciones de los gestos pueden conducir a situaciones difíciles y que las raíces culturales de la persona deben tenerse en cuenta antes de sacar conclusiones precipitadas sobre el lenguaje corporal y los gestos.

EL SALUDO

Saludar es un gesto tan habitual que nunca pensamos qué tipo de señales enviamos con él, sin embargo vale la pena conocerlas pues son muchas e importantes.

En cierta forma, el comportamiento no verbal de los seres humanos es notablemente parecido al de los animales, especialmente al de los monos, pero desde la aparición de la palabra no somos conscientes de que lo hacemos.

Cuando las actitudes universales del hombre se encuentran también en los primates inferiores, se considera que constituyen una evidencia adicional de su naturaleza hereditaria. Por muy chocante que pueda resultarnos vernos comparados con los monos, lo cierto es que, por ejemplo, según Jane Goodal, la famosa etóloga que convivió con chimpancés en la selva durante largos períodos, éstos algunas veces se abrazan y se besan, y hasta llegan a rozarse los labios. También se hacen reverencias, se estrechan las manos, y los ha visto palmeándose la espalda en un típico gesto de bienvenida, tal como hacemos nosotros.

Cuando dos animales se aproximan siempre existe el peligro de un ataque físico; por lo tanto uno o ambos harán un gesto de apaciguamiento para demostrar que no existe una intención agresiva. Cualquiera que dude que el saludo cumple una función similar entre el género humano, que trate de no saludar a sus amigos y parientes durante una semana, constatará rápidamente que florecen los sentimientos heridos, el resentimiento y el enojo.

Cuando los seres humanos se saludan inclinando la cabeza, posiblemente están indicando cierta sumisión, similar a la que efectúan los chimpancés. El gesto de inclinar la cabeza se encuentra en muy diversas culturas. La presentación de la palma de la mano significando buenas intenciones y honestidad, es otro de los gestos que compartimos con los monos.

Algunas pautas del saludo son realmente universales. En todas las culturas los amigos, al avistarse a la distancia, se sonríen, luego si se sienten de buen humor hacen un rápido movimiento de cejas e incluso inclinan la cabeza. En cambio otras formas de saludo difieren totalmente entre una cultura y otra.

Por ejemplo entre los isleños de Andaman, en el golfo de Bengala, los parientes o amigos que no se han visto en varias semanas se sientan juntos, uno sobre las faldas de los otros, se rodean mutuamente con los brazos y lloran durante varios minutos. Si se trata de marido y mujer, el hombre se sienta sobre la falda de la mujer. Entre los Ainu de Yezo, en el Japón, cuando un hombre se encuentra con su hermana, le toma las manos brevemente, luego la toma de ambas orejas y emite el tradicional grito Ainu. Luego se frotan el rostro y los hombros. Si esto puede parecernos ridículo, consideremos cómo reaccionarían los Ainu al ver a dos occidentales que se rozan cuidadosamente las mejillas mientras besan el aire.

¿Cómo puede explicarse que el saludo sea al mismo tiempo universal a toda la humanidad, y específico de cada cultura? La respuesta consiste en que el saludo no es un acto aislado sino una secuencia de actos, entre los cuales unos son universales y otros particulares. El saludo puede diferenciarse en etapas sucesivas: avistarse y reconocerse: se realiza un saludo a la distancia con un movimiento de la mano o el "flash" (alzamiento mínimo) de las cejas y finalizar ahí; o puede continuarse acercándose a un saludo más directo, como darse la mano o darse un beso, y finalmente se produce, en ambos casos, la despedida, que de lejos se hará con un suave cabeceo y la desviación de la mirada, y de cerca repitiendo ya sea el apretón de manos o el beso.

Cada tipo de relación, excepto una muy reciente, tiene su propio nivel de intimidad, y si un saludo sobrepasa la intimidad que corresponde, se necesita algún corte para volver rápidamente al equilibrio normal. Tal vez ésa sea la razón por la que los saludos muy estrechos se hayan transformado en un ritual —darse la mano, rozarse las mejillas— que sustituye a un verdadero beso en la mejilla, ya que lo que se transforma en ritual pierde el aura de intimidad y la connotación sexual.

En nuestra sociedad hay todo un código tácito, al que todos respondemos, en cuanto al modo de estrechar la mano:

• Extender el brazo con la mano estirada y la palma hacia abajo es el estilo más agresivo de iniciación del saludo, pues no da oportunidad a la otra persona de establecer una relación en igualdad de condiciones. Esa forma de dar la mano es típica del macho dominante y agresivo (lo que no significa que no lo hagan también las mujeres) que siempre inicia el saludo. Su brazo rígido y la palma hacia abajo obligan al otro a ponerse en la situación sumisa, pues tiene que responder obligadamente con su palma hacia arriba.

• El apretón de manos "estilo guante" o "sándwich", también llamado a veces "apretón de manos del político". Este gesto se lleva a cabo luego de estrechar las manos, cuando uno de los dos coloca su otra mano (encima o debajo según el caso) dejando en medio la mano del otro. Si bien en apariencia intenta dar la impresión de ser una persona digna de confianza, afable y honesta, implica simultáneamente dominio, sobre todo cuando se usa esa técnica con alguien que se acaba de conocer (ya que en definitiva se tiene "atrapada" la mano del otro).

• La trituración de los nudillos es la marca del tipo de personalidad ruda y agresiva (es más común en los hombres pero puede darse entre mujeres).

• En cambio la intención que manifiesta quien extiende las dos manos hacia el receptor demuestra sinceridad, confianza o un sentimiento profundo de respeto al otro.

En todos estos gestos tendemos a "guardar la expresión adecuada", es decir que existen rituales convencionales de expresión y saludo a los que todos solemos responder. Por ejemplo nos presentan a alguien y al tiempo que le damos la mano sonreímos más o menos según el grado de intimidad, pues no es lo mismo si se trata de nuestro "futuro jefe" que de un "candidato a novio".
En cuanto a su intensidad, por medio del apretón de manos se transmite energía o delicadeza, agresividad o apatía.
Dar la mano no es tan solo un signo de educación, ¡es al mismo tiempo un modo de posicionarnos, mostrarnos y relacionarnos!

La mayoría de los encuentros comienzan con un saludo y terminan con una despedida. Al concluir volvemos a aproximarnos y realizamos el ritual de despedida, que también parece ser de apaciguamiento. Mientras dura, todos están presumiblemente ocupados en lo que acontece, pero al separarse, pueden liberarse agresiones contenidas, sospechas, inseguridades y hasta comentarios reprimidos durante el encuentro.
Normalmente no somos conscientes del temor instintivo en las retiradas o despedidas, ya que tendemos a pensar que no corremos peligro; sin embargo, no hay nada más vulnerable que un individuo en retirada, qui-

zás por eso, en ocasiones, luego de una reunión preferimos irnos todos juntos, obviamente por un temor inconsciente (o muchas veces consciente y con motivo) a convertirnos en tema de chismes una vez que nos hayamos ido.

Otro aspecto sorprendente son los gestos sutiles con que avisamos que nos retiramos. Por ejemplo, ¿cómo hacemos, en una reunión, para avisar a nuestra pareja o hijos que es prudente retirarse, si no se lo podemos decir verbalmente? Lo cierto es que sin pensarlo tendemos a echarnos hacia adelante en el asiento, juntando nuestras pertenencias o reacomodando nuestras ropas, es decir, representando una secuencia de partida. Una ejecutiva puede en cambio comenzar distraídamente a guardar sus papeles en el portafolio, inmediatamente, los otros asistentes a la reunión comienzan a mover los papeles, aparentemente imitando su comportamiento, y el presidente de la misma, al notar el movimiento, que demuestra urgencia general por abandonar el local, se apresura a levantar la sesión. Los estudiantes, sobre todo universitarios, suelen tener gestos similares.

Podemos decir que para poner término a una conversación tendemos a disminuir notoriamente el contacto visual con la otra persona, hacemos una cabezada rápida mostrando el deseo de acabar lo antes posible (aunque también puede servir para dar refuerzo a lo que se está diciendo), miramos el reloj, o ponemos las manos sobre los muslos como para hacer que nos levantamos. Y otro sinfín de recursos que facilitan transmitir el mensaje de cierre al encuentro. El modo en que hagamos este cierre dice mucho de cómo nos sentimos respecto del encuentro mismo y de la otra persona en particular. Claro que también la manera de cerrar del otro nos dice mucho a nosotros. ¡Prestar atención a estos detalles puede servirnos, por ejemplo, para saber si el otro, más allá de lo que diga, va a volver a llamarnos o no!

FRASES GESTUALES.
CONGRUENCIA, INCONGRUENCIA.

Uno de los errores más graves que podemos cometer al leer el lenguaje del cuerpo, es interpretar un gesto aislado de otros gestos y de las circunstancias. Para llegar a conclusiones acertadas, necesitamos observarlos en su conjunto.

Por ejemplo, imaginemos una cita en la que la otra persona, al escucharnos, coloca una mano en su cara con el índice levantado sobre la mejilla y otro dedo tapando la boca mientras el pulgar sostiene el mentón, y hasta esboza una sonrisa, dando la impresión de estar muy cómodo y atento a lo que decimos, pero simultáneamente mantiene las piernas muy cruzadas y uno de los brazos cruzado sobre el pecho (defensa), mientras la cabeza y el mentón están un poco inclinados hacia abajo (hostilidad), con lo que nos está diciendo que en realidad no está para nada cómodo ni de acuerdo con lo que decimos. ¡Si no nos damos cuenta y modificamos nuestra charla corremos el riesgo de que esa cita sea la última!

Como en todos los temas, en éste existe la posibilidad de congruencia o incongruencia en la expresión, tanto del cuerpo consigo mismo, como de la gestualidad con la comunicación verbal. ¿Cuántas veces conversando con alguien "sentimos" que no nos está diciendo lo que realmente piensa? ¿Cuántas veces nos mostramos "educadamente a gusto" cuando en realidad daríamos cualquier cosa por salir corriendo?

La congruencia se da cuando las distintas áreas del cuerpo tienden a trabajar unidas para enviar el mismo mensaje, pero muchas veces eso no sucede y nos encontramos con situaciones en las que nosotros, o los otros, terminamos enviando mensajes contradictorios, como cuando alguien está contando una anécdota divertida pero la expresión de su cara es rígida o tensa. Esto puede ser debido a diversos motivos, como por ejemplo, a que mientras habla está pensando en otra cosa, tal vez en lo siguiente que va a decir, y la expresión de su cara se corresponde con lo que está pensando y no con lo que está diciendo, de manera que deja perplejo a su interlocutor. También todos hemos experimentado esas ocasiones en que alguien nos cuenta algo terrible con cara y tono alegre, lo que expresa una importante disociación interior. O bien decimos "de acuerdo" a algo con lo que en realidad no estamos para nada de acuerdo… en fin podría continuar con cientos de ejemplos cotidianos pero cada uno sabe bien cuántos tiene en su haber, basten por tanto estos, para confirmar que es importante al decodificar el lenguaje corporal nunca interpretar un gesto aislado de otros y de las circunstancias.

Como cualquier otro lenguaje, el del cuerpo tiene también palabras, frases y puntuación. Cada gesto es como una sola palabra y una palabra (al igual que sucede con la palabra dicha o leída) puede tener varios significados. Sólo cuando la palabra forma parte de una frase, puede saberse su significado correcto. Son justamente las "frases" las que siempre dicen la verdad sobre los sentimientos y actitudes de quien las hace. Ponerse las manos sobre el abdomen puede significar un intento de bloqueo o protección emocional a lo que se está escuchando, pero también puede indicar que la persona tiene dolor de estómago. Rascarse la cabeza puede significar muchas cosas: caspa, piojos, sudor, inseguridad, olvido o mentira, en función de los demás gestos que se hagan simultáneamente. Otros ejemplos que ayudan a entender la idea serían: si alguien con quien hablamos de pronto cruza las piernas y se balancea, bien puede ser que se sienta fastidiado y deseoso de marcharse, pero también puede indicar que necesita urgente ir al baño y no quiere interrumpirnos. O si alguien está de pie en la parada del autobús, con los brazos y las piernas cruzados y el mentón bajo en un día de invierno, lo más probable es que tenga frío y no que esté a la defensiva. Pero si esa persona es una mujer y hace los mismos gestos cuando está sentada frente a un hombre con una mesa de por medio, y este hombre está tratando de convencerla de algo, de venderle una idea, un producto o un servicio, la interpretación correcta es que la persona está a la defensiva y en actitud negativa.

Dado que como hemos visto el lenguaje corporal varía según la cultura y las situaciones vividas, si queremos interpretar adecuadamente un gesto, es muy importante, además de considerar los gestos agrupados y de tener en cuenta la congruencia entre lo que se dice y el movimiento corporal, considerarlo dentro del contexto en que se produce.

Para resumir:

Existe una conexión entre mente y cuerpo tal que: la boca puede mentir, pero el gesto que el cuerpo hace en ese momento siempre revela "la verdad", por eso mismo es muy importante armonizar "lo que se dice", con "lo que se siente", con "lo que se expresa" y todo ello hacerlo muy conscientes, pues mantener un equilibrio entre esos tres aspectos aumenta nuestras posibilidades de ser felices y de disfrutar de la vida. Mientras que "pensar una cosa", "decir lo contrario" y "expresar otra completamente diferente", nos atasca internamente, creando nudos emocionales que entorpecen el buen fluir de las relaciones.

Para comprobarlo los invito a realizar una sencilla experiencia: prueben decir algo contrario a lo que sienten acompañando lo dicho con un gesto arbitrario, luego prueben decir lo que realmente sienten dejando que el cuerpo y el gesto fluyan. La diferencia será tan notoria que no quedarán espacios de dudas.

Lo cierto es que si nos acostumbramos (cosa que lamentablemente sucede demasiado a menudo) a reprimir nuestros sentimientos de "insatisfacción, de miedo o de tristeza", también reprimiremos los sentimientos de "cariño o de alegría" más auténticos.

Mientras más congruentes seamos en nuestra comunicación verbal y no verbal, más perceptivos seremos respecto de la comunicación de los otros.

PERCEPCIÓN O SEXTO SENTIDO

Hasta acá hemos nombrado muchas veces la palabra "percepción", pero ¿a qué nos referimos con ella?

La percepción es una facultad innata del ser humano cuyo desarrollo varía de individuo en individuo. Potencialmente todos, al igual que los animales, poseemos un agudo instinto y una sensibilidad que nos facultan para percibir infinidad de señales sutiles y/o visiblemente manifiestas y para decodificarlas. Esta aptitud suele verse bloqueada por educación, falta de información, miedos o simplemente falta de confianza en nosotros mismos. Todos en algún momento decimos: "Lo sabía pero creí que estaba equivocado". A medida que crecemos tendemos a confiar más en lo explícito, tangible y consensuado, que en nuestras propias sensaciones y esto es a causa de la tendencia cultural a darle más validez a lo racional que a lo intuitivo.

Dicen que las mujeres tienen un sexto sentido más desarrollado y eso es muy cierto, ya que por naturaleza son más observadoras, tienden a prestar más atención a los pequeños gestos y a las emociones ajenas, y sobre todo, pueden mantener la atención en un sinfín de temas simultáneamente. Las que ya son madres han pasado varios años ¡"leyendo" el lenguaje corporal de sus bebes! ¡"Adivinando" lo que les pasa a los niños! Todo ello contribuye enormemente al desarrollo de la intuición innata. Sin embargo esto no implica que los hombres no posean este "sexto sentido" y puedan entrenarlo de igual modo.

¿Cuántas veces, apenas conocemos a otra persona, sentimos rechazo, indiferencia, desconfianza o atracción sin que podamos explicar por qué?

¿Cuántas veces en una reunión nos sentimos incómodos o rechazados aunque aparentemente no haya nada que lo justifique?

¿Cuántas veces sabemos que le gustamos a alguien aunque todavía no nos haya dicho nada especial?

¿Cuántas veces entramos (o directamente no entramos) a un negocio y salimos de inmediato porque "algo" no nos gustaba?

¡Todas esas veces hemos "captado" el mensaje no verbal y lo hemos interpretado sin darnos cuenta!

Como dije, todos tenemos intuición en mayor o menor grado y lo mejor es que podemos entrenarla y desarrollarla cuanto queramos. ¿Cómo? ¡Observando mucho!

Dado que a veces confundimos percepción con proyección (proyección es poner en otro algo que deseamos, tememos o necesitamos nosotros), es preferible comenzar a desarrollar la percepción de modo tal que podamos comprobar fehacientemente nuestras observaciones. Por ejemplo podemos comenzar poniendo la televisión o una película sin volumen y tratar de descubrir qué sucede y de qué hablan, luego colocarle el volumen y corroborar el nivel de acierto. Cuando sintamos seguridad en este ejercicio podemos pasar al siguiente, que consiste en dedicar unos minutos al día a observar y analizar los gestos de otras personas. Una estación de tren, una avenida, una sala de espera, una reunión social, un centro comercial, son lugares muy apropiados para ello. En estos lugares el despliegue de emociones es muy amplio: impaciencia, ilusión, alegría, ansiedad, tristeza, etc. Otra forma de comenzar a aprender a interpretar este lenguaje es a través de los niños. Los niños no saben en general esconder lo que piensan o sienten; ni mostrar expresiones que no sienten. Sus gestos son tan gráficos como explícitos.

Y sobre todo es importante comenzar a confiar en nuestras propias impresiones sin temor a pecar de soberbios, o de tontos, o de fantasiosos. No tenemos por qué explicar racionalmente todo lo que percibimos, basta con reconocer que lo sentimos y en todo caso buscar el modo de verificar si es o no acertado, a fin de aprender a reforzar nuestra autoconfianza, sin por ello negar que en ocasiones nuestros miedos o deseos nos juegan malas pasadas y podemos creer que percibimos algo que no es real. La verificación por tanto es muy importante por lo menos hasta que hayamos aprendido a discriminar acertadamente qué es intuición real y qué proyección.

PARA RECORDAR

1. El lenguaje corporal delata.

2. El lenguaje corporal nunca miente.

3. El lenguaje corporal puede enviar mensajes congruentes o incongruentes con nuestro mensaje verbal, según seamos o no conscientes de lo que queremos transmitir.

4. El lenguaje corporal personal está compuesto por gestos genéticos, innatos y culturales.

5. El lenguaje corporal siempre debe ser "leído" dentro del contexto del momento en que sucede y de la cultura, edad, sexo, estatus, o situación particular que corresponda.

6. El lenguaje corporal es un gran aliado a la hora de enviar señales a los demás.

7. Conocer y saber "leer" el lenguaje corporal es un recurso muy útil a la hora de conocer a los demás.

8. El lenguaje corporal se compone de frases y no de palabras sueltas.

9. El saludo es un gesto adquirido (cultural) y conocer las diferencias en la forma de saludar, entre las culturas, es importante.

10. Con esto en mente vamos por más...

COMENCEMOS POR EL ESPACIO

> Comencemos por el espacio

Vivimos en el espacio, pero no en la totalidad del espacio, sino en "cierto espacio". Dentro de ese "cierto espacio" existen muchos espacios diferentes y para comprenderlos vamos a ver cuáles son aquellos que poseemos cada uno de nosotros, sin tomar en cuenta acá los espacios inmedibles tales como: el mental, el espiritual, el emocional...

1/ Territorialidad: Los distintos espacios que utilizamos

Aprender a conocer el lenguaje corporal implica comenzar por algún punto y el primer y más básico punto es el del territorio.

¿Qué tiene que ver el territorio con el cuerpo?
En realidad todo, dado que toda expresión se produce en un espacio y el cuerpo es el primer espacio o territorio que conocemos y poseemos. Es por otro lado el único que depende por completo de nosotros. Pero es también un territorio dentro del espacio, o sea de territorios mayores, ya sea la casa, el barrio, el país, etc. Y así como un país se delimita por sus fronteras y dentro de una casa los espacios se delimitan con paredes y puertas, cada uno delimita lo que considera su propio espacio.

Por lo tanto antes que la palabra hablada, antes que el mensaje corporal, la primera comunicación que establecemos constantemente es la de "marcación" de territorios.

Poniendo un ejemplo obvio, a ninguno le agrada que alguien se siente encima de nosotros, tampoco vamos por la calle llevando por delante a los demás. Todos esos cuidados respecto del espacio están relacionados con la territorialidad.

Dijimos antes que en el saludo tenemos más de primates de lo que desearíamos, pues bien, ¡en otros aspectos gozamos de idéntica similitud! Todos los animales demarcan su territorio de una u otra manera, sean animales salvajes o domésticos. Parte de esta demarcación implica gestos que comunican al intruso si es aceptado o no. Del mismo modo los seres humanos demarcamos constantemente nuestro territorio y realizamos gestos indicativos de rechazo o bienvenida. Así pues, territorialidad es un comportamiento defensivo que tiende a alejar (o a acercar) a unos individuos de otros en lo que consideran su territorio. Ayuda a la interacción social y a su vez puede ser fuente de conflicto.

Vale aclarar que al hablar de territorialidad incluimos distintos tipos de espacios, cada uno con sus propias pautas y características. El espacio íntimo, el espacio personal, el espacio social y el espacio público. Todos estos espacios o zonas varían según la mayor o menor densidad poblacional de nuestra cultura, familia, o tradición y también, en una medida secundaria, de acuerdo con nuestras propias características.

El espacio íntimo: Normalmente es de unos 15 a 45 cm. Varía de persona en persona ya que es la distancia considerada como nuestra propiedad y por lo mismo la más vulnerable, por tanto la que más protegemos. Sólo acceden a ella quienes tienen con nosotros una estrecha relación, tales como parientes, hijos, amigos, pareja… Cuando la distancia va de 15 cm a menos, se la llama zona íntima privada, ya que en ella entramos en contacto corporal tal como se da en los abrazos o en las relaciones sexuales.

El espacio interpersonal: Es el que va normalmente entre los 46 cm y 1,20 mts. Es la distancia que suele separarnos en reuniones sociales, en la oficina o en fiestas. En ella sólo dejamos entrar a amigos y compañeros con quienes mantenemos una buena relación. Generalmente no permitimos que los extraños nos toquen o se sitúen demasiado cerca de nosotros y si invaden nuestro espacio sentimos nerviosismo, enfado, irritación o temor. A veces, sin embargo, no tenemos más remedio que tolerar esa invasión, como sucede al viajar en colectivo o subterráneo. En esos casos el cuerpo se tensa, se evita todo contacto ocular y se clava la vista en el infinito, con esa mirada que parece decir "en realidad no estoy aquí". Relajarse y moverse libremente podría suponer una amenaza para los demás. Cuanto más vemos reducido e invadido nuestro espacio personal e íntimo más inseguros y por tanto hostiles nos sentimos. El instinto reacciona en estos casos, gracias a la formación cultural, no como lo haría un animal atacando sino "desapareciendo".

Resulta fácil reconocer la importancia de este espacio cuando estamos por ejemplo en una reunión y un desconocido invade nuestro espacio personal, la reacción instintiva es retroceder un paso para evitarla. Sin embargo en ocasiones el otro no registra nuestra reacción y nos lleva a una situación en la que establecemos una suerte de danza por todo el espacio en la que mientras nosotros retrocedemos para poder respirar, el otro avanza porque siente que está demasiado lejos. En otros casos la invasión tiene lugar conscientemente para intimidar a la otra persona o ponerla nerviosa y hacer que retroceda mostrando así sumisión. La mejor manera de separarse de estas personas avasallantes e intimidatorias, es dar un paso hacia un lado en vez de hacia atrás.

Las mujeres suelen sentir menos nerviosismo cuando su zona personal se ve invadida por mujeres desconocidas que cuando la ven invadida por un hombre, ya que en este segundo caso suele interpretarse como una insinuación sexual, o en el peor de los casos como un peligro. Los hombres, en cambio, no suelen sentirse incómodos cuando una desconocida invade esta zona, aunque también lo interpretan como un deseo de mayor intimidad. Algo parecido podría decirse del contacto físico. Si bien las mujeres sólo suelen permitir que quien las toque sea un buen amigo si se trata de un hombre, a estos no les suele importar que los toque una mujer desconocida.

También existen diferencias según la personalidad, siendo más amplio el espacio personal de los introvertidos, que necesitan mantener una mayor distancia entre ellos y su interlocutor, que el de los extrovertidos que tienden con mayor facilidad a la proximidad e incluso al contacto. Siempre que nuestro espacio personal se ve invadido por la acción de otro reaccionamos instintivamente con algún mecanismo defensivo, sea retrocediendo como vimos antes, retirándonos directamente o mirando mal al otro con la intención de hacerlo sentir en falta. Cierto es que existen distintos motivos por los que una persona invade nuestro territorio, puede ser intencional pero también por accidente, descuido o torpeza, y en estos últimos casos un simple gesto basta para modificar la situación. También puede ser porque es alguien cercano o que pretende serlo y en ese caso podemos optar por aceptar la cercanía o discretamente rechazarla. En todos los casos recurrimos para defendernos a uno de los dos métodos posibles: la prevención o la reacción. La prevención trata de marcar los límites para que los demás puedan reconocerlo (poner un bolso delante, alzar el paraguas). La reacción, sobre todo cuando lo invadido es nuestra zona íntima, conlleva cambios fisiológicos en nuestro cuerpo: el corazón late más deprisa, se descarga adrenalina, llega sangre al cerebro más rápidamente y la sensibilidad de la piel aumenta. Puede ser positiva (agrado) o negativa (desagrado), y en ambos casos dispara una acción o una parálisis de la acción. Cuanto más conciencia tenemos de nuestro territorio y de nuestro derecho a su defensa, más probable es que reaccionemos de modo acertado.

Un caso típico de defensa del territorio personal que todos hemos vivido es la manera de evitarse cuando dos personas avanzan por una acera en dirección contraria. Normalmente, a unos tres metros de distancia se ponen tácitamente de acuerdo para no chocar y eso lo hacen por medio de sutiles señales corporales. Cuando no se hace a tiempo, podemos asistir a una especie de ballet ridículo que ha sido denominado por los especialistas "tartamudeo kinésico" y en el peor de los casos a un "choque" por falta de coordinación.

Los humanos tenemos nuestra propia "burbuja" o espacio interpersonal. Pero no todas las personas consideramos a la misma distancia este espacio definido. Esta burbuja viene condicionada por aspectos demográficos, es decir, que depende de la densidad de población del lugar en el que habitemos. Para unos es más amplia y para otros más estrecha. En general, a la persona de habla inglesa no le gusta compartir "su burbuja" mientras que la mayoría de los latinos y españoles (también por su cultura) en muchos casos prefieren compartirla.

Por eso rodear con el brazo los hombros de alguien que uno acaba de conocer, o tocarlo apoyándole una mano, aunque sea de manera muy amistosa, puede hacer que la persona tome una actitud negativa, del mismo modo que nosotros tendríamos una actitud negativa hacia quien lo hiciese con nosotros, ya que inevitablemente produce un sentimiento de desagrado y rechazo.

El espacio social: Es la zona que va del 1.20 metros a los aproximadamente 3 metros. Esta distancia nos separa de los extraños tales como el verdulero, el plomero, los vendedores y la gente que no conocemos bien. Es por ello que la utilizamos en sociedad cotidianamente siempre que la realidad poblacional y de espacios lo permitan. Si el negocio al que entramos mide dos por dos por cierto no podremos sostener una distancia cómoda, viéndonos obligados a utilizar otros recursos tales como la desviación de la mirada o el cruce de brazos ante el pecho.

El espacio público: A partir de los 3 metros entramos en el territorio público. Esta distancia es la que utilizan por ejemplo los conferencistas para dirigirse a un grupo de personas. Es también la distancia habitual entre un escenario y el público en los conciertos o espectáculos.

FACTORES QUE AFECTAN
LAS DISTANCIAS TERRITORIALES

Existen diversos factores que delimitan las distancias. Dijimos ya cómo afecta la densidad de población del lugar donde se vive. Densidad que varía entre las zonas rurales y las zonas urbanas. Los que se criaron en las zonas rurales, que son zonas poco pobladas, necesitarán más espacio a la hora, incluso, de estrechar la mano. Tienden a saludar de lejos o con un simple movimiento de cabeza. Los que, por el contrario, crecen y viven en las zonas urbanas, que suelen ser muy pobladas, necesitarán menos espacio y tenderán a establecer un contacto más íntimo o estrecho a la hora, por ejemplo, de saludarse.

En una misma cultura también hay diferencia de distancias entre sexos y entre edades. En la calle o lugares públicos, las parejas de sexo mixto tienden a tener entre sí menos distancia que las parejas homosexuales (aunque esto está cambiando cada vez más, los tabúes todavía influyen). Los hombres tienden a mantener mayor distancia entre sí que la que mantienen las mujeres entre ellas. Las personas de la misma o similar edad tienden a estar más cerca. Como excepción a esto, las personas muy mayores o las muy jóvenes mantienen más espacio entre ellas.

También influye en la distancia el ambiente: la iluminación, la temperatura y el espacio disponible. Si el espacio es reducido y nos vemos obligados a demasiada cercanía se nota la incomodidad y tendemos no sólo a irnos más pronto sino a mantener la mirada y las manos en movimiento mientras permanecemos, como si de ese modo creáramos distancias imaginarias. En cambio cuando el espacio es mayor el hecho de poder optar hace que muchas veces nos sentemos más cerca sin sentir incomodidad.

El físico también es un factor importante. El tamaño de nuestro compañero puede producir cambios en la distancia de la interacción, con la finalidad, quizás, de conseguir un ángulo mejor para mirarlo. O porque su tamaño de alguna manera nos inhibe y debilita nuestra seguridad, y así retrocedemos a fin de equiparar volúmenes. O por el contrario, vemos al otro más pequeño y nos acercamos a fin de poder comunicarnos mejor. Otro factor que ejerce influencia es la personalidad. Por ejemplo cuando establecemos una relación con alguien que nos desagrada la distancia que ponemos es mayor que cuando nos relacionamos con alguien que nos agrada. La cólera o un estado de depresión nos hace permanecer más alejados, en cambio la venganza tiende a empujarnos más contra el otro. La atracción por supuesto también nos acerca, mientras que la desconfianza nos aleja como si quisiéramos evaluar mejor a la distancia. Otro factor es el estatus o la jerarquía, normalmente entre un superior y su empleado se mantiene una distancia mayor que entre pares. Idéntica situación se mantiene entre una figura pública y un ciudadano común. O entre un sacerdote y sus fieles.

EL ESPACIO SOCIAL Y LAS DISTINTAS CULTURAS

La percepción del espacio no es la misma en todas las culturas. Para los japoneses, la aglomeración es señal de calidez y de agradable intimidad e inclusive la prefieren antes que el distanciamiento. A los árabes les ocurre algo parecido, también les gusta estar en multitud, pero en sus casas tienen demasiado espacio. A los norteamericanos les ocurre lo contrario, para ellos, el cuerpo es sagrado y tienen límites amplios en lugares públicos. Nosotros, los latinos, tendemos a tolerar mejor los acercamientos sin por ello soportar aglomeraciones, podríamos decir que tenemos entre los orientales y los norteamericanos una suerte de "punto medio" en el cual tendemos a una mayor expresividad y por lo tanto a un mayor acercamiento con el prójimo y a la vez somos lo suficientemente individualistas (cada vez más en los últimos años) como para no soportar un excesivo contacto a menos que se trate de alguien con quien tenemos un vínculo afectivo.

De hecho los europeos y norteamericanos suelen considerarnos sumamente afectuosos, confiados e incluso avasalladores respecto del espacio.

Cuando dos personas de culturas dispares en cuanto a territorialidad personal se encuentran, pueden producirse un sinfín de malentendidos, ya que mientras para uno cierta distancia será apropiada, para el otro cuya distancia personal sea más amplia será un indicador sea de interés sexual o de agresividad. Esto lleva a muchos prejuicios o juicios tales como: Juan es frío, o Pedro es avasallante, ¡cuando en realidad todo el problema es cultural! Es entonces muy importante prestar atención a las distancias cómodas de uno ¡y del otro!

OTROS TIPOS DE TERRITORIALIDAD

Dijimos que el cuerpo es el primer territorio y el espacio que ocupa más sus alrededores, el segundo territorio que consideramos nuestro. Existen otros espacios que forman parte de lo que consideramos "nuestro territorio", tales como son nuestras posesiones. Sean éstas un auto, una casa, o incluso el asiento en la cabecera de la mesa, el lado tal o cual de la cama, un sector de la casa, y hasta un rincón en el que acumulamos nuestras queridas pertenencias. Defendemos estas posesiones con el mismo ahínco con que defendemos nuestro cuerpo y nuestro espacio privado. Incluso en los hogares más hacinados los individuos se empeñan en determinar un espacio por minúsculo que sea como individual, cuando esto deja de ser posible la promiscuidad, la violencia y la despersonalización se ponen en juego.

Quienes manejan saben bien que una vez dentro del automóvil su necesidad de espacio personal aumenta al punto de que si alguien les pasa por al lado, aunque la distancia no implique riesgo, se percibe un cambio fisiológico como si de hecho hubiese sucedido un atropello. En las horas pico o en las avenidas más atestadas, al verse comprimidos en el espacio los conductores se irritan con más facilidad y los accidentes por tanto son más comunes.

2/ El espacio: Rituales de uso

Todo el tiempo estamos pendientes del espacio: o lo estamos pidiendo, o nos lo están reclamando, y para ello establecemos rituales de los que no somos conscientes. Por ejemplo cuando una persona entra al cine y pretende sentarse en la butaca vacía que hay en nuestra fila, ambos, la persona y nosotros, realizaremos una suerte de pasos tácitamente entendidos tales como el leve movimiento de avance del otro y la retirada de nuestros pies para darle paso, mientras ambos miramos a otro lado. De ser posible la persona elegirá un asiento que se encuentre a media distancia de nosotros y del siguiente asiento ocupado, o del final de la fila. Si se acerca demasiado pudiendo no hacerlo nos sentimos invadidos, si se aleja demasiado nos ofendemos como si nos rechazara, aún sin que seamos conscientes de todo esto. Pongamos otro ejemplo: si no queremos que alguien se siente en la silla que tenemos al lado, colocamos en ella un saco o una cartera estableciendo la tácita señal de "ocupado".

También son rituales cotidianos: la cola del colectivo, del banco, del negocio al que entramos, en ellos tendemos a respetar el orden de llegada y a mantenernos a la mayor distancia posible mientras esperamos que atiendan al otro.

Si observamos en una reunión, veremos los diversos rituales que se establecen entre los participantes. Rituales de acercamiento para conocerse; de intimidad entre quienes ya se conocen; de seducción: cuando alguien nos atrae; de alejamiento: cuando alguien se siente incómodo con otro pero no puede manifestarlo abiertamente; de persecución: entre el que rechaza y el que no se da por enterado. Luego de observar en repetidas reuniones podremos con rapidez "saber" qué sucede entre dos personas con sólo mirar el ritual que realizan.

PARA RECORDAR

1. El concepto de territorialidad es cultural.

2. Las distancias aceptables para un individuo, en cada tipo de territorio, dependen de la cultura y a el medio ambiente en que es criado.

3. La distancia en nuestros territorios depende también de varios factores además de la cultura: ambientales, diferencia de sexo, edad, rango y finalmente de factores personales.

4. El primer territorio es nuestro cuerpo mismo.

5. El segundo territorio es aquel que ocupa nuestro cuerpo en el espacio.

6. El tercer territorio es el que delimitamos en el espacio que nos rodea.

7. Tenemos cuatro tipos fundamentales de territorios: el íntimo, el interpersonal, el social y el público.

8. Nuestras posesiones son parte de nuestro territorio.

9. El uso del espacio requiere de rituales que todos realizamos inconscientemente (de acercamiento, conquista, turno en una cola, etc.).
10. Estos rituales son culturales, sin embargo al mismo tiempo nos estamos presentando según nuestra postura, aspecto, etc.

LAS PISTAS BÁSICAS:
POSTURAS, CONTEXTO, ASPECTO

LAS PISTAS BÁSICAS
Postura, contexto, aspecto

Dijimos que lo primero es el territorio, pues bien, lo segundo son las "pistas", es decir ciertos datos que obtenemos a primera vista y ya nos dicen mucho del otro. Tener en cuenta estos aspectos como partes de la "frase gestual" es fundamental para una buena decodificación de los mensajes. Veamos cuáles son entonces las pistas.

1/ Postura

Antes de seguir leyendo, párate frente a un espejo y observa cómo estás parado. ¿Qué ves? ¿Está tu cuerpo ladeado para alguno de los lados? ¿Tienes un hombro más alto que otro, o ambos alzados en tensión? ¿Ocultas el pecho o lo sacas hacia fuera? ¿Adelantas tus caderas o las llevas hacia atrás? ¿La cabeza está en eje con la columna o la inclinas para mirar? Todo esto dice mucho de nosotros (y por lo tanto también de los otros).

Toda postura indica cómo nos sentimos en una situación (o en la vida). Si observamos durante un rato a la gente que pasa por la calle, veremos que hay quienes caminan erguidos con el mentón hacia arriba casi como llevándose al mundo por delante, otros lo hacen con paso firme y la mirada al frente mostrando seguridad en sí mismos, hay quienes caminan encorvados dando la sensación de querer ocultarse y quienes avanzan casi desparramados y balanceándose como si no hallasen punto de sostén. La postura de algunos nos resultará provocadora o seductora mientras la de otros nos provocará rechazo o cautela.

"Párate derecho". "No saques panza". "Siéntate bien". Estas y muchas otras frases las hemos oído en nuestra infancia e incluso a veces las repetimos nosotros mismos. Es que la postura es un tema poco agradable y al mismo tiempo resulta la clave no verbal más fácil de leer para conocer la naturaleza de la personalidad.

Con sorprendente frecuencia, imitamos las actitudes corporales de los demás. Dos amigas se sientan exactamente de la misma manera, la pierna derecha cruzada sobre la izquierda, o bien una de ellas lo hace a la inversa, la pierna izquierda cruzada sobre la derecha, como si fuera una imagen reflejada en un espejo, creando así una figura congruente, generalmente asociada a una empatía entre puntos de vista. A tal punto que durante una discusión lo más probable es que veamos con facilidad quién está a favor de quién, antes de que cada uno hable, sólo por la inclinación que adoptan.

Las personas que no se conocen evitan cuidadosamente adoptar las mismas posiciones por temor a molestar, sin embargo aprender a "imitar sin burlar" la postura de los demás resulta sumamente útil, pues es la forma en que comunicamos que coincidimos o que el otro nos agrada. De hecho si queremos establecer rápidamente una buena relación y crear un ambiente tranquilo basta con que copiemos la postura del otro para lograrlo.

De la misma manera que las posturas congruentes expresan acuerdo, las no congruentes pueden utilizarse para enviar diversos mensajes. Supongamos que estamos en una fiesta sentados junto a alguien que nos resulta "pesado", pero por "x" motivo no podemos hacerle un desplante directo, en ese caso podemos sentarnos mirando hacia afuera o hacia otra dirección, con los brazos y las piernas formando una barrera entre ambos y girar sólo de tanto en tanto la cabeza hacia nuestro interlocutor, a fin de no resultar groseros. De pronto llega alguien que nos agrada y como hemos avisado, por nuestra postura, que no tenemos ningún compromiso con nuestro accidental compañero de asiento, el otro puede acercarse cómodamente o bien nosotros podemos pararnos e ir a su encuentro.

Sentarse obligatoriamente muy junto a alguien que no conocemos puede incomodarnos y el uso de piernas y brazos como barrera es habitual, sobre todo cuando dos hombres están sentados muy juntos en un sofá descubriremos que giran el cuerpo levemente y cruzan las piernas de adentro hacia afuera, o pondrán una mano o un brazo para protegerse el lado del rostro que queda más cerca del otro. También podemos ver que personas sentadas frente a frente a una distancia muy próxima, cruzarán seguramente los brazos y tal vez las piernas, y se echarán hacia atrás en sus asientos, para marcar la distancia, claro que si se sienten atraídos variarán su postura inclinando el torso para acercarse.

MOVIMIENTOS CORPORALES

Cuando consideramos las distintas posturas, los seres humanos olvidamos normalmente "ver" al individuo como un todo también en movimiento. Lo cierto es que cualquiera de nosotros puede hacer un análisis aproximado del carácter de otro (y de uno mismo) basándose en su manera de moverse:

- ¿Es rígido?
- ¿Desenvuelto?

- ¿Vigoroso?
- ¿Suave?
- ¿Torpe o rudo?
- ¿Delicado o grosero?

Según la manera en que lo haga nos estará diciendo mucho de su personalidad. Por ejemplo quien habitualmente camina con paso vacilante: está ebrio o es inseguro. En cambio quien taconee con fuerza al caminar nos dará la impresión de un carácter decidido e incluso autoritario. Si camina ligero, con el pecho adelantado, delatará que es impaciente o agresivo, aunque si con el mismo impulso lo hace con todo el cuerpo adelantado lo más probable es que esté muy apurado. Quien camina con un ritmo armonioso y firme demuestra ser alguien posiblemente paciente y perseverante. Levantar las caderas exageradamente da impresión de confianza en sí mismo; si al mismo tiempo se acompaña con un "bamboleo" es signo de seducción y coquetería; si las caderas cobran predominio y el balanceo es notorio y más rítmico, se trata de desenfado y provocación.

Es decir que no basta observar el "qué" sino también el "cómo" del movimiento corporal. El acto de dar la mano, de mirar, de caminar o sentarse debe observarse junto con el modo particular en que se hace.

2/ Contexto

El contexto es el que nos da la pista de las causas de un conjunto de señales. Por ejemplo vemos a alguien encorvado: puede estarlo por un dolor de estómago y no por querer ocultarse, o alguien puede caminar completamente rígido porque lo han operado de la columna o porque sale furioso de un encuentro.

¡Siempre las señales corporales deben interpretarse en sus frases completas: esto incluye la situación y el contexto en que se producen, la cultura y el tipo de relación!

3/ Aspecto

Otro punto importante para tener en cuenta al hacer una lectura corporal es el "aspecto", que incluye los objetos y la indumentaria.

Este conjunto es visible apenas avistamos al otro, si lo cruzamos en la calle o nos lo presentan, en todos los casos produce una intensa impresión y por ende una reacción de nuestra parte que puede ser de: agrado, desagrado, atracción, repulsión, pena, disgusto, incomodidad, admiración o indiferencia. Lo mismo les sucede a los otros con nosotros, por lo tanto dar una buena imagen es importante para obtener un reconocimiento positivo.

Más allá de la ropa y los objetos, el aspecto lo da la higiene, la postura, el estado del cabello, la limpidez de la mirada, la expresión facial, la tensión o relajación muscular incluso de la boca y el modo de movernos.

INDUMENTARIA Y OBJETOS QUE USAMOS

Los objetos que usamos o que nos rodean dicen más cosas acerca de nosotros de las que imaginamos. La elección de la ropa y los accesorios informa de nuestras preferencias, el modo de ser, las actividades y el estatus. Por otro lado la interpretación de esta elección revela también aspectos de la personalidad de quien la percibe, pues cada uno de nosotros juzgamos normalmente según nuestro propio criterio, que nunca es universal.

La vestimenta y el peinado, e incluso la apariencia, se han transformado en indicaciones de vital importancia acerca de actitudes éticas y políticas, de nuestro estatus y de nuestra personalidad. Vivimos en un período más visual, donde lo que se ve es más importante que lo que es.

La manera en que manipulamos los objetos al comunicarnos dice también mucho de lo que estamos sintiendo o pensando. Por ejemplo, juguetear con un lapicero, el cable del teléfono, un salero, un anillo, jugar con los botones, la cadena o pulsera, dar vueltas a una taza ya vacía de café, son algunas de las muchas formas en que utilizamos los objetos como aliados para expresar: nerviosismo, aburrimiento, falta de interés, seducción o coquetería, timidez o ansiedad.

De todos los elementos que usamos el fumar y los anteojos son, podríamos decir, los de más relevancia.

Tanto fumar cigarrillos, como fumar en pipa, es un modo de desplazar la tensión interna que permite demorar las cosas. No obstante, el fumador de cigarrillos toma sus decisiones más rápidamente que el fumador de pipa.

El ritual del cigarrillo comprende una serie de minigestos, como golpear el cigarrillo, hacer caer la ceniza o moverlo; según cómo lo haga nos dirá si la persona está relajada o tensa. A la vez con el humo nos indica si tiene una actitud positiva o negativa hacia nosotros o la situación. Quien tiene una actitud positiva, o se siente superior o confía en sí misma, exhala hacia arriba la mayor parte del tiempo. A la inversa, quien está en actitud negativa, de sospecha, exhala hacia abajo casi todo el tiempo. Incluso en quienes no fuman, soplar hacia abajo por un lado de la boca indica una actitud de reserva o más negativa. Todo esto es válido en los casos en que el fumador no exhala hacia arriba con el fin de no molestar a los demás; en estos casos, exhalará hacia cualquier lado. Exhalar el humo por la nariz indica que la persona se siente segura y superior, a menudo este gesto se acompaña echándose hacia atrás al exhalar. Si en cambio tiene la cabeza inclinada hacia abajo al exhalar por la nariz, está enfadado y trata de parecer feroz como un toro embravecido.

Cuando se echa el humo al frente denota una actitud de entendimiento, de acuerdo con nuestro interlocutor, ¡siempre que no se lo arrojemos en la cara pues en ese caso lo estamos agrediendo! Si se golpea muchas veces el cigarrillo contra el cenicero, es signo de inseguridad, de falta de confianza. También si se enciende un cigarrillo, y se apaga muy pronto a las pocas caladas, significa un deseo de terminar la conversación.

Todos los objetos auxiliares que utilizamos proporcionan oportunidades para hacer muchos gestos reveladores, y éste es el caso de los que usan anteojos.

El gesto de mirar por encima de las gafas señala muchas veces una personalidad que juzga y critica. Pero puede ser que la persona sencillamente sea miope y encuentre más cómodo mirar por encima de ellas que quitárselas para ver de cerca.

Un recurso muy usado para poner una barrera, ocultarnos, o marcar distancia (y por ende impedir intimidad) son los anteojos de sol. Pueden dar la sensación de frialdad, distanciamiento o falta de sinceridad, aunque también transmiten inteligencia, seriedad y autoridad. La persona que habla con gafas de sol oscuras está diciéndo lo inaccesible que es y lo difícil que es llegar hasta ella. ¡Aunque en muchas ocasiones simplemente confiesan lo inseguros que se sienten al punto de necesitar protegerse de "ser vistos"!

Los anteojos nos resultan excelentes cómplices a la hora de transmitir mensajes. Apoyar la patilla de las gafas en la boca significa que estamos pensando o evaluando una determinada propuesta, o que necesitamos más tiempo para evaluarla. Mirar por encima de las gafas, puede interpretarse como una actitud de incertidumbre o desconfianza, como si deseáramos un análisis más profundo de la situación. O bien una señal de que no creemos ni una palabra de lo que el otro está diciendo y tácitamente le hacemos una advertencia. Pero ¡ojo!, si la intención no es advertirle, ni estamos meditando, mirar por encima de los anteojos puede ser un grave error, porque la persona mirada se defenderá cruzando los brazos, las piernas y adoptando una actitud negativa. Lo ideal para quien usa anteojos es quitárselos cuando habla y ponérselos cuando escucha, pues esto tiende a relajar a la otra persona y al mismo tiempo nos permite controlar la situación ya que el otro por lo general aprende pronto cuándo hablarnos y cuándo escucharnos.

Entonces aprovechar los objetos a fin de reforzar lo que queremos comunicar, hará que los mensajes que enviamos a los otros sean más acertados y positivos, y por tanto nos facilite obtener una respuesta igualmente efectiva.

4/ La primera impresión

El momento del encuentro con otro es fundamental pues en pocos segundos se desencadena una serie de estrategias a través de sutiles negociaciones no verbales que representan nuestro modo particular de decirle al otro si nos gusta o no, si estamos dispuestos a la relación o no, o si queremos un encuentro íntimo, uno formal o uno meramente comercial.
"¡Apenas lo vi me encantó!" "María es encantadora, basta verla para darse cuenta." Todo el tiempo decimos frases como éstas, si bien la postura delata mucho de nosotros el famoso dicho: "la primera impresión es la que cuenta", es completamente válido.

Muchos afirman que tardamos unos pocos minutos en formarnos una primera impresión de alguien y posteriormente solemos atenernos a ella. De manera que causar una buena impresión inicial en una entrevista de trabajo, en una reunión social, en un encuentro personal, puede ser incluso más importante que el currículum o las buenas referencias, o incluso que nuestro posterior comportamiento.

Lo cierto es que muy rápidamente obtenemos una clara impresión del otro y sabemos, generalmente de modo inconsciente, mucho de lo que luego descubriremos en forma consciente. Las personas que más respetan su intuición suelen tomar muy en cuenta esta primera impresión, mientras que las que desconfían, suelen desecharla y arrepentirse más tarde.

Cuando alguien nos cae mal de entrada es difícil que le demos una nueva oportunidad, en cambio cuando alguien nos cae bien tendemos a mostrarnos más abiertos y dispuestos a continuar la relación. Lo mismo les sucede a los demás, por eso, si bien es acertado mostrarnos como somos, más acertado es, en un primer encuentro, mostrar lo mejor de nosotros. Para lo peor ya tendremos tiempo.

Los ojos, la nariz, la boca, las mejillas y el rostro en general producen una impresión más allá de la expresión puntual que tenga la persona en ese momento. Podríamos decir que constituyen la apariencia inicial, y son justamente estas diversas características faciales las que generan en nosotros una porción importante del juicio que hacemos de ella. "No sé, tiene buen aspecto, pero..."; o "Su cara me hace acordar a Juan o María y eso me choca"; o "Me cayó muy bien, es tan apuesto (bonita), tendrías que ver la cara que tiene". Estas u otras frases similares las decimos diariamente y reflejan fielmente lo que acabamos de decir.

Pero no estamos leyendo sólo el rostro, estamos simultáneamente leyendo su postura, su aspecto y el contexto en que la encontramos.

¿Cuántas veces conocemos a una persona y sentimos casi de inmediato que es como "si la conociéramos de toda la vida"? Entre ambas se genera una corriente de confianza tal que hasta podemos llegar a contarle intimidades a los pocos minutos. Mientras que en otras ocasiones conocemos a alguien que nos produce una sensación de desconfianza y malestar y no sabemos a qué atribuirlo.

En síntesis:

La vestimenta, la apariencia y la postura forman parte del lenguaje corporal; comunican al mundo exterior algo sobre nosotros y contribuyen a la primera impresión que causamos en los demás. Esta primera impresión condiciona el criterio del otro sobre nosotros y las posibilidades de la relación.

Esta primera impresión la tenemos tanto de otro, como de un trabajo, un lugar, un libro, ¡y hasta de una película! Y aunque no lo sepamos reaccionamos ante ella de un modo u otro provocando a su vez en el otro una reacción.

PARA RECORDAR

1. Lo primero que vemos en otro (y que otros ven en nosotros) es la "postura". ¿Cómo nos paramos, sentamos, movemos?

2. Ninguna postura agrada si no es acompañada por movimientos armoniosos.

3. Todo movimiento expresa información. Su congruencia o incongruencia con el mensaje verbal determinará la reacción del otro.

4. Toda postura y todos los movimientos han de ser tenidos en cuenta y decodificados dentro del contexto en que se producen.

5. La ropa que vestimos y cómo la llevamos, dice mucho de nosotros.

6. También los objetos que usamos y cómo los usamos dan información.

7. Estar atento al uso de los anteojos nos permite saber qué siente otro tanto como expresar mensajes sin enunciarlos.

8. Postura, aspecto y el modo de movernos generan la primera impresión que tienen de nosotros (o nosotros de otro).

9. La primera impresión influye más que todo cuanto hagamos (o haga otro) después.

10. Toda primera impresión estará influida por las emociones nuestras y ajenas... ¿Cómo? Veamos...

LAS EMOCIONES Y SUS SEÑALES

Las emociones y sus señales

Atracción - Rechazo. Gestos nerviosos. Hostilidad. Engaño. Miedo.

Ya hemos visto que, queramos o no, delatamos nuestras emociones de un modo u otro por medio del lenguaje corporal; ¡lo bueno de esto es que los demás también se delatan y nos facilitan conocerlos y saber qué sienten!

1/ Atracción - Rechazo

Como probar es el mejor recursos para entender, antes de leer párate frente a un espejo y piensa en algo que te produzca profundo rechazo, prestando atención a todos tus gestos y expresiones. Luego piensa en algo que te produzca intenso placer y obsérvate. Anota las conclusiones y luego lee lo que sigue.

Todos tenemos actitudes de gusto y disgusto evidentes, tales como la sonrisa, el ceño fruncido, el arqueamiento de las cejas. Es decir que somos capaces de comunicar actitudes personales de gusto o disgusto a través de los gestos.

Cuando vemos algo o alguien agradable, entre otras cosas, las pupilas se dilatan, la mirada es más intensa, hay una proximidad mayor, una inclinación más pronunciada, los brazos y el cuerpo están más abiertos, y se percibe una relajación en las expresiones faciales. ¡Basta mirarse al espejo cuando estamos enamorados para detectar ese "brillo especial" que tanto llama la atención a los demás! Pero claro, no hace falta enamorarse para brillar, a veces basta con sentirnos felices por un logro, o gozosos en una situación. En todos los casos en cierto modo nos volvemos "luminosos", en cambio frente a lo que nos fastidia, frustra o desagrada, nos opacamos, e incluso nos replegamos, dando la sensación de achicamiento.

La postura de brazos en jarra (manos en las caderas) se adopta con más frecuencia entre personas que se caen bien, o cuando estamos regañando a alguien sobre quien sentimos algún tipo de autoridad.

La persona que interpone un objeto entre ella y nosotros nos está enviando un mensaje que puede significar varias cosas, pero básicamente implica un rechazo y una exigencia de mayor distancia. Cuando este gesto está acompañado por una mirada hostil o inexpresiva, postura tensa y poco o nulo movimiento corporal, su significado suele ser claro: "apártate de mi vista inmediatamente"; pero si va acompañado de una expresión amistosa y el cuerpo más relajado, indica que aunque no se va a cortar del todo la comunicación es mejor que vayamos con cautela, pues el otro está en guardia o desconfiando de nosotros.

Cruzar los brazos indica una actitud defensiva y negativa, pero también incertidumbre o inseguridad. Cuando hablamos de este modo el otro presta menos atención y sus juicios son más críticos, lo mismo nos sucede a nosotros cuando nuestro interlocutor o interlocutora adoptan esa postura, nos sentimos rechazados y/o juzgados y por lo tanto tendemos a prestar menos atención y a sentir mayor hostilidad. En cambio agarrarse el brazo con una mano, es decir cuando solo cruzamos un brazo sobre el pecho para sujetar el otro, significa que estamos construyendo una barrera parcial que denota más bien falta de confianza que rechazo. A veces lo usamos al sentirnos inseguros como una forma de tranquilizarnos.

2/ Gestos nerviosos. Ansiedad. Miedo. Hostilidad.

Cuando sentimos ansiedad, miedo u hostilidad nuestro lenguaje corporal va a reflejarlo. Sin embargo, nuestro interlocutor no tiene por qué ser consciente de lo que estamos sintiendo; simplemente capta "algo" en nosotros que no le gusta o que le incomoda.

Por ejemplo, una persona ansiosa o tímida puede comportarse de un modo que otros perciban como frialdad y rechazo. El miedo puede hacer que nos enfademos con nosotros mismos y transmitamos sin querer una imagen de hostilidad. De este modo la persona con la que hablamos puede tener una impresión de nosotros que no se corresponda con la realidad.

La ansiedad es un sentimiento muy intenso que nos hace más conscientes de nosotros mismos y, por tanto, también de aquello que no nos gusta en nosotros.

Cuando estamos nerviosos es muy probable que toquemos precisamente esa parte de nuestro cuerpo que menos nos gusta (sin embargo, también puede ser una forma de confortarse o relajarse). Masajearse la nuca, acariciarse el pelo o la barba, humedecerse los labios o chupar algún objeto, etc., denotan cierto nerviosismo cuando se hace a menudo. Y lo mismo puede decirse de los pies y dedos inquietos: juguetear con objetos, alisarse la ropa, golpear el cigarro contra el cenicero aunque no haya ceniza que tirar... ¿quién no conoce a alguien (o quizás nos suceda a nosotros mismos) con el hábito de golpetear los pies en el suelo con ese temblor constante? ¡Este es un claro síntoma de nerviosismo e inseguridad!

Tocarse la boca, por ejemplo, puede indicar que no nos gusta lo que estamos escuchando o bien un temor a decir algo que no debemos (claro que a veces suele ocultar una mala dentadura).

Mientras que los niños se tapan descaradamente las orejas cuando no quieren oír; los adultos, más discretos, al no animarnos nos contentamos con tocarlas casi como al descuido.

La persona que se frota las manos nerviosamente puede estar tensa o decirnos corporalmente que teme lo que puede hacer con sus manos. Mientras que si tiene los puños apretados ya denota una intensa agresividad que intenta contener. En cambio si se está apretando los brazos con las manos señala una gran ansiedad o enfado. La imagen en los dos últimos casos (aunque en distintos grados) es la de alguien que tiene tantas ganas de golpear que se sujeta los brazos para retener su impulso, aunque por cierto casi nunca se es consciente de esto.

Una buena forma de romper estas barreras es ofrecer algún objeto a esa persona, como un cigarrillo o una bebida, pues al tomarlo rompe su postura y la situación se modifica.

Por otro lado podemos detectar una actitud negativa en el otro (o en nosotros) cuando se mantiene firme el pulgar debajo de la barbilla, pues es señal de reticencia a lo que se está escuchando. En este caso lo mejor es recomenzar o replantear el tema de otro modo para poder salir de esa situación. En cambio cuando el otro se frota la barbilla, lo mejor es abstenerse de hacer nuevos comentarios, pues está pensando. Si luego baja la mano con una actitud simpática o positiva, es que está satisfecho con lo que hemos hablado. Si se cruza de brazos lo mejor será cambiar de tema. Algo similar sucede si vemos que el otro se frota la nariz como si sintiera "mal olor" (denota disgusto); lo mejor es buscar otro modo de plantear la situación para aclarar malentendidos o dudas.

Si esperamos llegar a un acuerdo con otro y vemos que se saca los anteojos y se los lleva a la boca, es que no está lista; si luego se los vuelve a poner, es una señal de acuerdo; en cambio si los deja a un costado, malas noticias, ha decidido no acordar. Si mira por encima de los anteojos nos puede estar diciendo que sospecha, o nos estudia, o bien que siente necesidad de conocernos mejor.

Hay emociones como el miedo que se pueden manifestar de diferentes maneras pero generalmente predominan los signos de sorpresa como abrir mucho los ojos, gritar, temblar, echarse hacia atrás, contener la respiración, etc.

El enfado o la ira también se pueden mostrar de múltiples maneras, pero sus manifestaciones más frecuentes son la cara enrojecida, brazos en la cadera o cruzados, respiración rápida, labios apretados...

Entre los signos de hostilidad también se encuentran: golpear el suelo con el pie o algún objeto; apretar, estirar o pellizcar partes de la cara, o morderse los labios. La mirada también cambia, las pupilas se achican y los músculos faciales se tensan. Incluso el cuello tendrá un aspecto rígido al igual que el tórax. Es común la elevación del tórax y el repliegue de la pelvis como si el cuerpo se preparase para el ataque, aunque éste no llegue a producirse.

3/ El engaño

¿Cómo puede saberse que alguien está mintiendo?

Reconocer los gestos de engaño puede ser una de las habilidades más importantes que pueden adquirirse, pero ¿cuáles son las señales que delatan a los mentirosos?

Antes de leer vale una vez más hacer una experiencia. Párese frente al espejo (¡qué aliado maravilloso y qué terrible delator resulta el espejo!) y diga una mentira como si estuviese diciéndosela a otro y fuese verdaderamente importante convencerlo (si lo hace sin creérselo, será menos lo que pueda aprovechar de la experiencia). Obsérvese atentamente mientras miente y perciba sus sensaciones interiores. Luego diga algo totalmente cierto que desee decir y vuelva a observarse. Anote lo que ha percibido y luego sigua leyendo.

Las posiciones de las manos en la cara son la base de los gestos humanos para engañar. En otras palabras, cuando vemos, decimos o escuchamos una mentira, a menudo intentamos taparnos los ojos, la boca o los oídos con las manos tal como los "tres monitos".

Claro que no siempre que alguien hace un gesto de llevarse las manos a la cara significa que está mintiendo, pues puede ser que por ejemplo tenga picazón, o mucho sueño, o se sienta inquieto, pero si otros gestos apoyan la señal es probable que indique que esta persona puede estar pretendiendo engañarnos. Por ello es muy importante no interpretar aisladamente los gestos de las manos en la cara.

Por ejemplo (y siempre teniendo en cuenta el interpretar el conjunto dentro el contexto) si ves que tu interlocutor o interlocutora realizan el gesto de tirar del cuello de la camisa, suéter o remera (o bien si juega con la cadenita agitándola de un lado al otro), es probable que te esté mintiendo y tema verse descubierto o descubierta; para cerciorarte pide que te repita o te explique nuevamente lo que ha dicho, si ha mentido sentirá aún más incomodidad por lo que se delatará más notoriamente.

La versión exagerada de tirar del cuello de la camisa es frotarse la nuca con la palma de la mano. La persona que hace ese gesto cuando miente, por lo general evita la mirada directa y mira hacia abajo. Ese gesto expresa también enojo o frustración. Si al señalarle un error a alguien esa persona reconoce el olvido cometido y se golpea la frente, es que no se ha sentido molesta con nuestro comentario, pero si se da una palmada en la nuca, es un índice de que siente fastidio con lo que le hemos dicho. Valga aquí aclarar que los que habitualmente se frotan la nuca tienen tendencia a ser negativos y a criticar, mientras que los que suelen frotarse la frente para no verbalizar un error son personas más abiertas y dispuestas.

Volviendo al tema del engaño, taparse la boca es uno de los gestos que resulta tan obvio en los adultos como en los niños. La mano cubre la boca y el pulgar se oprime contra la mejilla cuando el cerebro ordena, en forma subconsciente, que se supriman las palabras engañosas que acaban de decirse. A veces, el gesto se hace tapando la boca con algunos dedos o con el puño, pero el significado es el mismo. La velocidad de algunos gestos y el modo en que resultan obvios para los demás está relacionada con la edad de los individuos. Un niño o una niña pequeña se taparán inmediatamente la boca con una o las dos manos al mentir –lamentablemente algunos niños tienden tanto a mentir por motivos diversos, que muy pronto dejan de taparse la boca tan obviamente, sin embargo veremos otros detalles que los delaten–.

Ya adolescente sentirá el impulso pero en lugar de tapar la boca bruscamente, sus dedos apenas la rozarán. El adulto, cuando dice una mentira, siente el mismo impulso pero lo termina controlando y en vez de taparse la boca se roza la nariz. Gesto que puede consistir en varios roces suaves debajo de la nariz o puede ser un toque rápido y casi imperceptible o bien rascándosela directamente. También puede desviar la mirada, arreglarse el flequillo, o el pelo, fingir un bostezo o un estornudo. Este ejemplo vale para mostrar por qué interpretar los gestos de una persona mayor es mucho más difícil que interpretar los de un niño.

Lo mismo sucede con el gesto infantil de taparse los oídos cuando no quieren escuchar, el adulto se tocará o rascará la oreja, o bien con el índice de la mano se rascará debajo del lóbulo de la oreja o el costado del cuello. Según los especialistas las personas por lo general se rascan unas cinco veces, no más ni menos (si se rascan más probablemente les pique). Es un gesto que indica duda o incertidumbre, y construye incongruencia, o sea, se torna más chocante cuando simultáneamente con la señal de rechazo gestual, la persona dice: "Te entiendo perfectamente". Otras señales no verbales que indican mentira son, por ejemplo:

• Adoptar un tono de voz más agudo.

• Hablar con un ritmo más lento o mucho más rápido de lo habitual en esa persona.

• La mirada tiende a ser "muy" fija o esquiva.

• Se utilizan más gestos que refuercen o distraigan de lo dicho.

• Gestualmente se buscará más complicidad con quien escucha, sea copiando su postura, acercándose, o bajando la cabeza y haciéndola oscilar como si se apenara, para conmovernos y ganar así nuestra confianza.

Repito aquí que no debemos tomar estos gestos en forma aislada pues podemos caer en graves errores de interpretación.
Lo cierto es que pillar a un mentiroso no es tan fácil como la gente suele creer, sobre todo si sólo lo miramos a los ojos, como suele hacer la mayoría de las personas, porque dado que ya está tan divulgado el dicho: "el mentiroso no mira de frente" (los mentirosos también lo saben), el mentiroso tiende a centrarse en su cara para ejercer el control y no ser descubierto. Aún así hay algunos signos que delatan a quien miente:

• Utiliza menos gestos y el cuerpo puede estar prácticamente inmóvil, como si temiera que fuese a delatar su mentira en cualquier momento.

• A veces aparecen gestos nerviosos como tocarse la boca o la nariz, o bien tocarse los ojos como una manera de evitar mirar a quien estamos mintiendo (tocarse o frotarse los ojos puede indicar también deseos de terminar la conversación por cualquier motivo).

• Se afirma que el ojo mentiroso rehuye la mirada, aparta y vuelve a fijar la vista rápidamente, aumenta el parpadeo y es mayor el tiempo durante el cual los ojos permanecen cerrados al parpadear y eso es cierto salvo cuando estamos ante alguien que, además de ser un tanto (o muy) mentiroso, apenas se inmuta ante sus propias mentiras y no se siente culpable ni ansioso; mirar sus ojos no nos va a servir de mucho. Es más, en ocasiones lo que justamente lo delata es la manera en que nos mira fijamente de frente, en un mirar que por tratar de resultar "tan honesto" nos resulta forzado.

• Meterse los dedos en la boca cuando nos sentimos presionados es un intento inconsciente de volver a la seguridad del recién nacido que succiona el pecho materno. Como no todos nos atrevemos a un gesto tan obvio usamos otros recursos más sutiles tales como fumar o llevar la lapicera, la patilla del anteojo, a la boca. Pues bien cuando mentimos, nosotros, y también quien nos miente, podemos usar estos objetos como un modo de disimular el engaño.

Otros gestos que denotan que no se está siendo sincero son: apretar los dientes, reírse con la boca muy cerrada y los dientes apretados, dejar la mano quieta pero mover los dedos. En cambio si se muerde las uñas, chasquea los dedos, o repica con ellos sobre la mesa, está dando muestras de inseguridad y de nerviosismo.

Pero es importante recordar que si bien casi todos los gestos hechos con las manos en la cara expresan mentira o desilusión, llevarse cosas a la boca manifiesta también necesidad de seguridad. Si en cambio lo hace cuando esperamos que tome una decisión, estos gestos indican que no está seguro sobre la decisión por adoptar y que va a ser necesario darle más seguridad porque el objeto que tiene en la boca le hace ganar tiempo. Lo adecuado en ambos casos, a menos que sepamos que se trata de una mentira, es dar garantías y seguridades a la persona que hace este gesto para poder continuar placenteramente el encuentro.

Así como hablar con la boca cubierta por la mano o por los dedos, frotarse los ojos o los oídos, arrugar la nariz o evitar el contacto visual, es indicativo de que se está mintiendo, llevar la palma al pecho denota sinceridad en nuestras palabras; también cuando hablamos con las palmas para arriba y relajadas, es señal de que no escondemos nada.

Siguiendo con el tema del engaño, el caso más difícil de detectar es el de los mitómanos (mentirosos compulsivos) y los estafadores. En el primer caso se trata de alguien que miente tanto creyéndose sus propias mentiras como verdades, por lo que el recurso que nos queda es prestar mucha atención e invitarlo en otra ocasión a contar lo mismo, observando la diferencia no de palabras sino de gestos, matices, miradas. Normalmente el mitómano ante nuestro gesto de desconfianza o nuestra insistencia en que repita, se ofende o enoja, demuestra su fastidio y presenta síntomas (gestos) de inseguridad. En el caso del estafador la cosa se complica más pues se trata de un individuo que se entrena en el "Arte de engañar", por lo que sus señales serán infinitamente más sutiles e ínfimas; ¡en este caso sólo una agudeza perceptiva, respetar nuestra intuición aún cuando creamos no tener justificaciones o darnos cuenta tarde, suelen ser las únicas opciones!

4/ Aburrimiento

¿Hay algo más fastidioso que estar aburridos y tener que disimular? Intenten recordar qué mecanismos utilizan cuando pasan por esta incómoda situación. ¿Bostezan descaradamente? ¿Ponen cara sonriente mientras en vez de escuchar están pensando cómo irse?

Una de las señales más obvias es apoyar la cabeza en la mano para tratar de no quedarse dormido. El grado de aburrimiento está en relación directa con la fuerza con que el brazo y la mano están sosteniendo la cabeza. Un movimiento simple como el de alcanzarle algo al oyente para alterarle la posición puede producir un cambio de actitud.

Pero ojo porque tener por ejemplo la mano cerrada apoyada en la mejilla, en general con el índice hacia arriba, es signo de evaluación; en cambio el gesto de repasarse la barbilla es una señal que indica que el que lo hace está tomando una decisión.

La actitud física demuestra lo que el alma está sintiendo. Si alguien finge interés en una conversación, la otra persona se dará cuenta muy fácilmente por sus gestos y ademanes. Moverse nerviosamente o levantarse, cruzar y descruzar las piernas, moverse en el asiento o mirar constantemente el reloj demuestra aburrimiento y es una gran falta de respeto. ¡Si tienes que mirar la hora, házlo en el reloj de otro!

Suspirar, bostezar o cruzar y descruzar los brazos, es una confesión a gritos de aburrimiento. Lo mismo si mueves incesantemente los pies durante la conversación, tu interlocutor pensará que se estás molesto, inseguro, irritado, nervioso, cansado o aburrido y lo más probable es que tenga razón. Si te sientas en el borde de la silla, es indicativo de que deseas irte tan pronto como sea posible.

Si demostrar aburrimiento te puede traer problemas el truco es: situarte en una posición cómoda y descansada que te permita respirar mejor y manejar adecuadamente tu voz.

Otras emociones fáciles de detectar por los gestos son:

Agresividad: Apretar los puños. Tener el cuerpo rígido. Señalar con el dedo mientras se habla (como si el dedo fuese un arma). Establecer un contacto visual prolongado e intimidatorio. Acercarse demasiado a la otra persona, invadiendo su territorio personal. Sujetarle un brazo o apoyarle una mano en el brazo (lo que es un gesto consciente o inconsciente de retención y control).

Manipulación: Realizar gestos exagerados. Usar un tono de voz excesivamente dulce o convincente. Abuso de los contactos físicos que aparentan ser afectuosos pero provocan en el oyente tensión (Ej.: mano en el hombro). Sobreactuación. Uso casi teatral de la voz (alteración melódica y rítmica) acompañado con gestos seductores o de complicidad o enfado que se sienten poco auténticos.

Sumisión: Taparse la boca o parcialmente la cara. Imitar el tono de voz o estado de ánimo de nuestro interlocutor. Poco contacto visual. Sonrisa nerviosa. Asentir constantemente. Postura encogida o encorvada. Pecho hundido y cabeza más cerca de los hombros. Mantener la mirada baja.

Autoconfianza: Sostener una postura erguida y al mismo tiempo relajada. Establecer un contacto visual directo pero con pequeñas retiradas. Gestos calmados. Brazos y piernas ligeramente abiertas. Mantener una distancia apropiada a cada situación sin provocar incomodidad en el otro, ni permitir al otro intimidarnos.

Podríamos seguir pero estos ejemplos alcanzan para dar pistas útiles, es incluso una tentación para que cada uno piense en su propia forma de dar señales.

5/ ¿Es posible fingir?

Una pregunta que se escucha con frecuencia es: "¿Es posible fingir en el lenguaje del cuerpo?".

Por un lado podemos decir:

"Sí, siempre y cuando"... "siempre y cuando" el otro sea poco atento y observador y se conforme más con lo que decimos que con lo que mostramos.

Otra respuesta sería: "Sí, en parte"... ya que una persona que se autoentrena eficazmente en el arte de dominar su lenguaje corporal nos pone las cosas difíciles a la hora de interpretar sus señales, sin embargo sigue resultando posible detectarlas si lo deseamos y nos esmeramos... La verdadera respuesta es: "no", porque la falta de congruencia se manifestará entre los gestos principales, las microseñales del cuerpo y el lenguaje hablado, independientemente de si sucede de forma obvia y hasta grotesca o sutil y casi imperceptible.

Por ejemplo: pueden contraerse las pupilas o levantarse una ceja, o una comisura puede temblar, y esas señales contradicen el gesto de exhibir las palmas de las manos y la sonrisa "sincera". El resultado es que el oyente tiende a no creer en lo que el farsante está diciendo. Las palmas a la vista se asocian a la honestidad, pero cuando el farsante abre las palmas hacia afuera y sonríe mientras dice una mentira, los microgestos lo delatan.

¿Qué son los microgestos? Hay un instante en que nuestra atención registra que "algo" ha sido incongruente: ¿Abre demasiado ostentosamente las palmas? ¿Repite mucho un gesto estereotipado? ¿Se torna insistente en lo que dice? (¡Esto es típico de los vendedores!) ¿Todo parece perfecto pero sentimos que está intentando convencernos de su sinceridad, aunque no sepamos explicar por qué sentimos eso? Estas y otras señales constituyen los microgestos.

PARA RECORDAR

1. Toda emoción se manifiesta por medio de expresiones y/o gestos corporales, por mucho que se las quiera ocultar.

2. Siempre comunicamos actitudes personales de gusto o disgusto a través de los gestos.

3. Las emociones más evidentes son las de: atracción, rechazo, nerviosismo, ansiedad, aburrimiento, furia, miedo, dolor y engaño.

4. El engaño siempre envía señales pero no siempre es fácil detectarlas si no se está atento.

5. Aún quienes más dominio de su lenguaje corporal poseen, emiten señales que los delatan.

6. Mirar de frente no siempre es sinónimo de honestidad, los mejores mentirosos lo saben y lo hacen. Si dudamos fiémonos de otras señales tales como: qué hace con las manos, su olor, cómo tiene los pies y sobre todo qué alteraciones experimenta su voz.

7. Las manos en la cara de la forma que fuesen pueden ser indicadores de engaño (siempre teniendo en cuenta la frase gestual y el contexto).

8. Quien manipula tiende a movimientos y tonos de voz exagerados, sugestivos, seductores, lastimeros, en los que es posible detectar incongruencia.

9. La furia como el miedo producen fuertes reacciones fisiológicas que son fáciles de detectar.

10. Ya que las emociones tienen uno de sus mejores espacios de manifestación en el rostro, pasemos ahora a él...

¡AY, ESA CABECITA!

¡Ay, esa cabecita!

Dijimos al comienzo que lo primero que nos llama la atención del otro es su postura incluyendo cabeza y rostro, pues al comunicarnos tendemos a concentrarnos en la cabeza y las expresiones del rostro dejando al cuerpo como en sombra, llamándonos sólo la atención cuando realiza algún movimiento significativo. Y es que somos una humanidad educada en la importancia de la palabra, por lo tanto tendemos a concentrarnos en ella más que en otros aspectos.

La cabeza así se convierte en una gran delatadora de nuestras emociones, sentimientos, pensamientos y sensaciones, siendo casi siempre quien lleva la porción más grande e importante de todo el lenguaje corporal. Indaguemos todo lo que de ella podemos aprender.

Hay tres posiciones básicas de la cabeza. La cabeza hacia arriba es la que adopta la persona que tiene actitud neutral respecto a lo que está escuchando. Cuando la cabeza se inclina hacia un costado significa una demostración de interés. Cuando la cabeza está inclinada hacia abajo señala que la actitud es negativa y hasta opuesta.

1/ ¿Asiento o disiento?

Además de las tres posiciones, la cabeza tiene determinados movimientos posibles que realizamos constantemente:

• **Afirmación:** Movemos la cabeza hacia arriba y hacia abajo (si bien en algunas culturas afirman con otros gestos, esta es la forma más común de hacerlo en la mayoría de las culturas).

• **Negación:** La movemos de un lado al otro (ya lo hacemos de bebés cuando no queremos más comida por ejemplo, por eso es universal).

• **Llevar la cabeza hacia atrás y hacia delante:** En un caso tomando distancia y en el otro estableciendo más intimidad o amenazando.

• **Sacudirla:** En señal de fastidio o desconcierto, inclinarla hacia los lados dudando o inclinarla y dejarla allí en señal de atención o bien de reflexión.

• **Mantenerla gacha:** (como avergonzados) Hundirla sobre los hombros, alzarla con el mentón apuntando al techo, según la expresión que acompañe el movimiento puede indicar altanería, fastidio o un intento de hallar respuesta casi como si la buscáramos en lo alto.

Si giramos para todos lados la cabeza estamos tratando de relajar los músculos cervicales, a lo sumo comunicamos que nos duele porque estamos tensos.

Los movimientos afirmativos de cabeza revelan mensajes diferentes según su ritmo. Cuando son rápidos significa: "entiendo, continúa"; en cambio si son "demasiado" continuados, pueden indicar que queremos que esa persona se dé prisa y termine lo que está diciendo pues ya nos ha fastidiado, o bien que quiere que acabemos lo antes posible para responder (¡Si la sacude como una coctelera quizás sufre algún tic nervioso!). Cuando son moderados nos están diciendo "comprendo y estoy de acuerdo" y cuando son lentos significan "comprendo pero estoy un poco confundido" o "no estoy del todo convencido" (a veces cuando estamos confundidos con lo que otro nos dice tendemos a realizar un suave desplazamiento hacia un lado de la cabeza, sin llegar a inclinarla, como si quisiéramos acomodarla mejor para que se nos aclaren las ideas).

La inclinación de cabeza cuando es hacia delante y a un lado significa "te escucho". Cuando va acompañada de una sonrisa y contacto visual aumentan los sentimientos de simpatía hacia esa persona y tiene más probabilidades de recibir apoyo y cooperación. Si al mismo tiempo inclina la cabeza ligeramente hacia un lado indica que está escuchando con interés.
En cambio cuando la inclinación se produce hacia un lado y hacia atrás quiere decir "estoy pensando tu pregunta" y una clara inclinación hacia un lado significa "estoy interesado y tal vez atraído".

LA CARA Y SUS OBJETIVOS

El rostro es la principal fuente de información. Puede comunicar estados de ánimo, personalidades, actitudes interpersonales y hasta pensamientos. Nos fijamos mucho en el rostro de los demás, y esto seguramente se debe a que al nacer ya nos vimos observando esas caras desconocidas que se acercaban a nuestra cuna.
Sospecho que en los primeros meses por instinto de conservación aprendimos a "saber" por las expresiones de esos rostros cuáles eran amistosos, cuáles peligrosos, cuáles nutricios, cuáles circunstanciales...

En algún lugar de nuestro inconsciente todos sabemos mucho más sobre leer el cuerpo y sus señales, de lo que creemos.

Regresando al rostro, podemos decir que en primer lugar, dado que en él están ubicados la mayoría de los sentidos: ojos, oídos, olfato y gusto, es desde donde controlamos la comunicación en todas sus formas (o sea miramos, escuchamos, olemos, probamos). Podemos inspirar y abrir la boca para comunicar que queremos hablar. El leve movimiento de las cejas y una sonrisa indicarán un saludo. Y la sonrisa con un guiño o un suave parpadeo, enviará señales de cortejo.

En segundo lugar, por medio de las diversas expresiones de nuestro rostro subrayamos, minimizamos o apoyamos lo que estamos escuchando. Demostramos compasión, comprensión, simpatía, enojo, agrado, desagrado, fastidio, por medio de expresiones. Cuando hablamos o vemos algo triste nuestras facciones responden a ese sentimiento: las cejas caen, la boca tiende a bajar sus comisuras, los músculos del rostro van hacia abajo; en cambio cuando oímos o vemos algo placentero, las comisuras de la boca ascienden, las cejas se alzan, los músculos se afirman y el color aumenta. Podemos decir que la tristeza nos "hunde" y la alegría nos "eleva".

Por medio de las expresiones del rostro podemos comunicar infinidad de mensajes sin recurrir a la palabra, es por ello que según los especialistas (y cualquiera que observe un poco acordará) en él hallamos la mayor parte de los gestos emblemáticos. Es decir gestos que suelen reforzar lo que se está diciendo, o bien desmentirlo. Pero dada la gran movilidad facial y dado que es la parte de nuestro cuerpo a la que más atención le prestamos, es también la porción corporal con la que más fácilmente podemos mentir o engañar. Por ejemplo: si mostramos la mandíbula caída manteniendo la boca abierta pero sin marcar otro rasgo de sorpresa, se puede estar diciendo "me has dejado estupefacto", sin que ello sea tan cierto. En cambio si a este gesto lo acompañan otros, como un arqueo de cejas, una reacción del pecho (como si por un breve instante se hundiese), una alteración del color de la piel: el mensaje es real. En las más diversas situaciones podemos usar la cabeza y el rostro tanto para expresar lo real como para fingir. Supongamos por ejemplo que alguien que queremos nos hace un regalo que en realidad no nos gusta para nada, pero como queremos que la persona se sienta bien, pues sabemos que lo ha hecho con amor, esbozamos una sonrisa al tiempo que agradecemos intensificando la emoción para darle énfasis y resultar más creíbles.

Un aspecto importante en este punto es recordar que todos recibimos una educación que pone tanto énfasis en que cuidemos nuestra postura (cómo nos paramos, cómo nos sentamos, cómo caminamos) como en que cuidemos las expresiones de nuestro rostro. "Sonríe". "No pongas esa cara". "Borra ese gesto de aburrimiento eterno". "No sé qué te causa gracia, la situación no da". "No puedes andar con esa cara, las niñas deben mostrarse agradables y simpáticas, si no nadie te va a querer"... En fin cada uno seguro debe tener su lista de frases condicionantes, a las que nos guste o no seguimos respondiendo siempre. Frases y consejos que nos han dado de pequeños, madres, padres, maestras, programas de televisión, revistas, en una palabra: los transmisores del patrimonio cultural. Estas reglas son casi siempre inconscientes y mecánicas pero no por ello menos válidas. Por suerte toda expresión que no sea auténtica tiene algo de artificial que la delata. Por eso en muchas ocasiones mostramos varias emociones a la vez, y esto suele suceder de tres modos:

• Una parte de la cara muestra una emoción y la otra no. Por ejemplo: la boca sonríe pero las cejas se fruncen.

• Una misma parte muestra dos emociones contradictorias. Por ejemplo: los ojos se abren delatando alegría pero las pupilas se achican delatando desconfianza.

• Se muestra una expresión que representa dos emociones. Por ejemplo: sonreímos pero la sonrisa resulta mueca.

Existen también las expresiones faciales micromomentáneas, que son aquellas en las que mostramos una expresión que por un instante muta en otra para luego regresar a la primera. Es como si nuestro rostro estuviese peleando interiormente entre lo que quiere expresar y lo que debe expresar... bueno en realidad no es "como si": ¡es así!

2/ ¡Qué sonrisa!

¡Qué don maravilloso el de la sonrisa! ¿Qué haríamos sin ella? Abre puertas, nos acerca, brinda calidez, nos asegura afecto... ¿Hay algo más enternecedor que la sonrisa esbozada de un recién nacido?
Una sonrisa tierna y ojos abiertos de dilatadas pupilas resultan irresistibles hasta para el más malhumorado de los seres. Seguramente por eso las crías pequeñitas, tanto humanas como de animales, tienen los ojos más grandes en proporción a la totalidad del rostro y al sonreír convocan en nosotros deseos de satisfacerlos.
Ya de grandes la sonrisa sigue siendo un puente que facilita los caminos. ¿Qué novela de amor no menciona el poder de la sonrisa de tal o cual personaje? ¿Cuál de nosotros no ha dicho en alguna ocasión: "¡Tiene una sonrisa que derrite!"?
El poder de la sonrisa es mucho mayor de lo que tendemos a saber. Una sonrisa estimula confianza, invita a confidencias, seduce, conmueve, tienta, atrae, conquista..., es tan poderosa que vale la pena conocer sus mensajes y su valor.
¡Sonríe! Nos han dicho, nos dicen, decimos...

Y es que intercalar sonrisas cálidas y francas en la conversación transmite confianza, alegría y buena disposición. Sin embargo, es malo exagerar (es decir forzarse a tener siempre una sonrisa en la boca) pues en ese caso la sonrisa se verá convertida en una especie de mueca que provocará en los demás desconfianza y rechazo ya que la sentirán como algo hueco, vacío y fingido.

Apretar exageradamente los labios puede delatar que tienes dudas o desconfianza acerca de lo que el otro está diciendo o sugerir que no estés expresando realmente lo que piensas o se sientes.

La sonrisa más poderosa es aquella que muestra ligeramente los dientes superiores, siempre y cuando sea sincera, pues una sonrisa falsa es muy fácil de descubrir y va a causar siempre una mala impresión.

La sonrisa, igual que la mirada, puede decir muchas cosas distintas. No sólo expresa alegría, sino que también puede indicar ansiedad, inseguridad e incluso hostilidad enmascarada, como cuando alguien sonríe con "sonrisa de hiena", cuando parece que más que sonreír aprieta los dientes frenando una mordida. Por lo tanto no existe "una sonrisa" sino diversos tipos de sonrisa, cada una con su propio mensaje.

Por ejemplo, una sonrisa puede ser interpretada como signo de amistad y simpatía o bien hacer que nos preguntemos fastidiados de qué se estará riendo esa persona, e incluso nos puede llevar a sentir vergüenza. Una sonrisa débil y vacilante que no muestra los dientes y va acompañada de una mirada de similares características indica timidez e inseguridad. En ocasiones esbozar una suave sonrisa y desplazar la mirada para no sostenerla fija en el otro, cuando ese otro tiene baja autoestima, puede brindarle seguridad y ayudarle a confiar más y mejor en sí mismo, al ver que nosotros lo valoramos.

La sonrisa delicada que no muestra los dientes, como si estuviese apenas delineada, es una sonrisa que inspira ternura fácilmente, sobre todo si va acompañada de una mirada franca. La sonrisa que muestra ligeramente los dientes superiores es apropiada para conocidos, vecinos, etc. Una sonrisa más amplia, que muestra todos los dientes superiores, en cambio, puede desconcertar a una persona a quien apenas conocemos, sin embargo cuando surge espontáneamente transmite simpatía y resulta agradable. Por otra parte, la sonrisa reprimida puede llevarnos a dar una imagen desastrosa, sobre todo cuando la otra persona no sabe de qué nos estamos riendo y la interpreta como una burla –en muchas ocasiones, si somos sinceros, sabemos que lo es– aunque por lo general suele ser indicio de timidez. También se da el caso de la sonrisa torpe y contraída, que nace al intentar reprimir el impulso irrefrenable a la risa (risa generalmente nerviosa), ante situaciones incómodas, o penosas: como un tropezón o una caída, propia o de otro.

Otro tipo de sonrisa es la "sonrisa estudiada", esa que es claramente una invitación seductora a confiarse y estrechar un vínculo. ¡Todos tenemos una facilidad increíble para derretirnos ante ese tipo de sonrisas!

En síntesis: ¡A sonreír! Ahora prestando atención a las sonrisas que mostramos.

3/ Ojos parlantes... ¿Dónde mirar? ¿Cómo mirar?

Si la sonrisa es la llave que abre puertas, los ojos son las ventanas del alma. En los ojos podemos ver mucho más del otro que lo evidente, en ocasiones hasta podemos sentir que nos sumergimos en una mirada alcanzando espacios insondables del alma de ese otro, o bien es ese otro quien se sumerge en nosotros, haciéndonos sentir desnudos y expuestos en lo más íntimo. En ambos casos esto puede resultar sumamente grato y positivo, como atemorizante y terrible.

Filósofos y sabios han dicho que en los ojos se lee la verdad del ser y es muy probable que así sea, ¡sólo que requiere poner ganas y atención para descubrir esa verdad!

Lo cierto es que los ojos tienen tal importancia que todos decimos montones de frases al respecto: "Hay miradas que matan". "Tiene una mirada de hielo", o "Me abrazó con su mirada". Hay miradas burlonas, miradas iracundas, miradas de sorpresa e incluso miradas veladas.

Cuando nos encontramos con alguien, le miramos unos segundos a los ojos para detectar sus sentimientos e intenciones, y luego bajamos brevemente la mirada para mostrar que no lo estamos desafiando, ya que no hacer esa pausa y mantener fija la mirada es por cierto un acto de desafío.

Normalmente al escuchar, miramos atentamente a los ojos de nuestro interlocutor para demostrarle interés y atención, mientras que la otra persona suele desviar a menudo la mirada cuando nos habla. Si nos miran fijamente al hablarnos es fácil que nos pongamos nerviosos, sintiéndonos agredidos, o bien porque aparece el dilema de sostener durante demasiado tiempo una mirada, frente a desviar los ojos, algo que puede ser interpretado como falta de interés. En cambio, en una entrevista de trabajo en la que como candidatos hemos de mostrar el máximo interés, es comprensible que miremos a los ojos del entrevistador más tiempo del que sería normal en otro contexto.

Habitualmente cuando nos disponemos a tomar la palabra, desviamos la mirada un instante, justo antes de empezar a hablar, para hacer ver que lo que vamos a decir es fruto de una reflexión meditada. Por supuesto, la persona con la que hablamos no es consciente de todo esto, pero a un nivel sutil capta el mensaje y nos cede el turno.

Así como los ojos muy abiertos denotan sorpresa, admiración; los ojos más cerrados o forzadamente cerrados denotan desconfianza, seriedad y desaprobación. Mirar a derecha e izquierda cuando nos hablan suele ser una demostración de desinterés.

El lugar hacia donde dirigimos la mirada dice también mucho. Por ejemplo: cuando se trata de personas que acabamos de conocer se mantiene la mirada dentro del triángulo formado por los ojos y la nariz, y entre amigos se amplía ese triángulo para incluir la boca.

La mirada puede ser:

1- Mirada de negocios (o interesada): Es cuando se mira la franja comprendida entre los ojos y la frente. Esta mirada hace que el otro nos considere serios y valore lo que decimos.

2- La mirada social (o formal): Es cuando se mira la franja entre los ojos y la boca. Esta mirada crea una atmósfera más cálida.

3- La mirada íntima: Es la que recorre los ojos, pasa por el mentón y se dirige hacia otras partes del cuerpo, incluso puede llegar a recorrer todo el cuerpo.

Si el otro está interesado devolverá una mirada del mismo estilo, si no lo está con su mirada pondrá un límite. De hecho bajar la mirada por debajo de la cara tiende a interpretarse como un mayor deseo de intimidad y puede hacer que una persona, sobre todo si es mujer, se sienta nerviosa o enfadada al verlo como una insinuación séxual.
Las miradas de reojo demuestran complicidad o duda. También se usan para transmitir interés amoroso si se combinan con una elevación en las cejas y una sonrisa, u hostilidad si se combinan con las cejas fruncidas o hacia abajo.
Las personas que miran a los ojos suelen inspirar más confianza y ser más sinceras que las que rehuyen la mirada. Y quien mira limpiamente a los ojos de otros es una persona segura, amistosa, madura y sincera. Los ojos y la mirada pueden decir tanto porque expresan prácticamente todas las emociones: alegría, tristeza, inquietud, tensión, preocupación, estimación o respeto. Observando los ojos muchas veces se puede saber lo que otro está sintiendo o pensando. Por eso, constituyen una ayuda poderosa en la conversación.
En las mismas condiciones de luminosidad las pupilas se dilatan o se contraen según la actitud de la persona. Cuando alguien se entusiasma las pupilas se dilatan hasta tener cuatro veces el tamaño normal. (¡Tam-

bién cuando alguien está drogado tiene las pupilas muy dilatadas, pero en ese caso la mirada parece perdida y esquiva!) En cambio, cuando alguien está de mal humor, enojado o tiene una actitud negativa, las pupilas se contraen.

Cuando una persona es deshonesta o trata de ocultar algo su mirada enfrenta a la nuestra menos de la tercera parte del tiempo. Ahora, cuando alguien sostiene la mirada más de las dos terceras partes del tiempo, las posibilidades son dos: encuentra al interlocutor atractivo o siente hostilidad y está enviando un mensaje no verbal de desafío.

Desde siempre, hemos asociado algunos movimientos de los ojos con expresiones: "¡No me desafíes, baja la mirada cuando te reto!". "Las personas modestas bajan la mirada, las soberbias te enfrentan con ella." "Tenía los ojos bien abiertos por el asombro." "Está tan feliz que le brillan los ojos." "Tiene la mirada opaca por la tristeza." "Está tan deprimida que ni mira". O bien seguimos los consejos de buena educación: "No se debe mirar mucho tiempo a los extraños". "No se debe mirar ciertas partes del cuerpo". "No hay que mirar fijo ni tampoco tener la mirada esquiva"...

Esta obediencia a reglas demuestra que la mirada puede en cierta medida controlarse para hacer mejor uso de ella. Por ejemplo cuando estés hablando con alguien, no hay que mirar a todos lados: a la ventana, al techo, al suelo o estar limpiando tus uñas. Tampoco mires morbosa y curiosamente los zapatos, pantalones, camisa o peinado del que habla, pues en todos esos casos sentirá que no le estás prestando atención o bien que lo estás evaluando o juzgando. Mantén el contacto ocular, pero sin fijar en exceso la mirada (la mirada demasiado fija sobre nosotros, pero que en realidad está "perdida" en un punto lejano e indefinible, es típico de la locura al igual que la mirada extraviada, por eso asusta). De todas formas, si necesitas por algún motivo fijar la mirada durante mucho tiempo en alguien, el recurso para no incomodar ni incomodarse es mirar su entrecejo.

EMOCIONES REFLEJADAS EN LA MIRADA

Algunas emociones generan específicos movimientos de los ojos, por ejemplo:

Ante la sorpresa, las cejas se levantan y se curvan de manera que todo el párpado superior se estira y se levanta y el inferior se baja. En cambio ante el miedo: las cejas se levantan y se contraen, el párpado superior se levanta y el inferior se tensa y se contrae. Cuando sentimos disgusto: el párpado inferior es empujado hacia arriba apareciendo así algunas arrugas y el párpado superior empuja hacia abajo. Mientras que cuando sentimos cólera: las cejas se bajan y se contraen. El párpado inferior se tensa. Los ojos miran con dureza y pueden tener apariencia de hinchados. Ante la felicidad el párpado inferior puede levantarse y denotar unas arrugas debajo de él. También salen las llamadas "patas de gallo". La tristeza lleva a que el interior de la ceja tienda hacia arriba.

Todo esto es válido pero teniendo siempre en cuenta que hay emociones que no requieren muchos cambios en la zona de los ojos y que un mismo movimiento puede tener diversos significados. También puede suceder que enviemos con los ojos un mensaje de cólera y con el resto de la cara lo contradigamos.

LA MIRADA Y EL TIEMPO

Mientras hablamos no estamos mirando al interlocutor todo el tiempo. La duración de las miradas puede variar por diversas razones: el tipo de intimidad, el tema o motivo por el que estamos comunicándonos, las personalidades de los participantes y la situación en la que nos encontremos, son algunas de ellas.

La duración de las miradas también varía según el estatus. Quiero decir, que no se miran de igual manera dos personas de igual estatus que dos de diferente posición. El contacto visual es mayor si la persona nos produce agrado y menor cuando nos produce rechazo o cuando nos sentimos poco o demasiado observados.

En ambos casos: la poca o mucha observación nos hace sentir mal, como si existiese para cada persona una cuota apropiada y un modo adecuado de ser observada. Y es que cuando hay una actitud negativa entre dos o más personas es notable la disminución de miradas. Pero contrariamente a esto, también observamos prolongadamente a las personas que no nos gustan para hacerlas sentir incómodas.

La duración de las miradas tiende a aumentar durante el galanteo. Las miradas más prolongadas y recíprocas suelen ser un indicador de una relación más duradera. La cantidad de miradas recíprocas puede aumentar a medida que la relación se hace más íntima. Pero es probable que en una relación de años, las miradas disminuyan notablemente.

Cuanto más lejos estamos del interlocutor más tendemos a mirar, como si pretendiésemos de ese modo reducir la separación. En cambio a menor distancia, las miradas disminuyen, sobre todo si se conocen demasiado.

Cuando se interactúa con una persona minusválida o con algún defecto físico importante, la mirada es menos frecuente, quizás como un modo de no incomodar. Los extrovertidos realizan miradas más intensas que los introvertidos.

Existen diferencias entre ambos sexos. Las mujeres realizan miradas de más duración, más frecuencia y mayor reciprocidad que los hombres, pero cuando tienen que mirar a un hombre no lo hacen durante mucho tiempo y además desvían más la mirada. En cambio el hombre se atreve a mirar fijo y por más tiempo a una mujer.

Miran más: las personas que más aceptación e integración necesitan, dado que les importa mucho la aceptación y el reconocimiento a su propia persona (por ejemplo, una artista que quiere ser valorada como tal).

Las personas manipuladoras. También en el galanteo, o en la relación amorosa establecida.

Miran menos: quienes pretenden evitar niveles elevados de excitación. Cuando se tiene un sentimiento de vergüenza o débil autoestima y por lo mismo se intenta pasar inadvertido.
También se mira menos cuando la relación es menos íntima o en discusiones de temas que causan pena, vergüenza, humillación.

La mirada está influenciada por la cultura; en cuanto a intensidad, cantidad y durabilidad. Por ejemplo los árabes miran mucho al interlocutor y esto puede causar sensación de incomodidad a quienes no están acostumbrados. En Tel Aviv están acostumbrados a mirar de arriba abajo a una persona, cosa no muy bien vista en otras culturas. En EE UU se tiende a esquivar la mirada, esto puede provocar que, por ejemplo, los franceses y otros europeos se sientan desplazado por no ser mirados.

LAS EMOCIONES Y LAS EXPRESIONES
QUE NO PODEMOS DISIMULAR

Las emociones primarias o básicas son: sorpresa, miedo, cólera, disgusto, felicidad y tristeza. A partir de estas surgen otras, dependiendo de la intensidad o de la mezcla entre ellas. Cuando se aprende a leer el lenguaje corporal se descubre que ciertas zonas del rostro tienen más relación con determinada emoción que con otras. Por ejemplo: ante sensaciones de disgusto responden intensamente: nariz, mejilla y boca. En cambio, en la tristeza (o felicidad, pero en menor grado) lo hacen las cejas y la frente. Cuando estamos felices también reaccionan la mejilla y boca. Mientras que ante el miedo reaccionan los ojos y los párpados. La sorpresa puede hacer reaccionar al rostro en su totalidad.

4/ Olemos, tocamos...

OLEMOS...

Si bien como hemos visto los ojos son entre todos los sentidos los que más destacan y cumplen un papel fundamental en cuanto a la comunicación no verbal, los otros sentidos igualmente participan.

Reaccionamos a los olores intensamente, no sólo con agrado o desagrado sino también con respuestas emocionales. Tal olor nos recuerda una situación feliz de la infancia, tal otro una situación dolorosa... En todos los casos los olores despiertan en nosotros actitudes o reacciones específicas que condicionan el encuentro o la relación de ese momento. Hay personas que nos caen bien sin que sepamos por qué y luego descubrimos que ha sido porque usan un perfume que nos recuerda a una tía querida, o bien sentimos profundo rechazo por alguien que huele como esa persona que tanto nos dañó. Los olores también condicionan nuestro estado emocional al punto de provocarnos comodidad, serenidad, inquietud, incomodidad, tensión, relax. El sentido del olfato nos brinda constantes indicaciones, pistas, pautas que influencian, lo sepamos o no, nuestro comportamiento, tanto que si lo perdiéramos nos quedaríamos impedidos de entender el registro de muchas señales.

TOCAMOS...

Por su parte el sentido que más espacio ocupa en nosotros y el que más nos afecta para bien o para mal es el del tacto. Abarca toda la superficie corporal. Nuestra piel es fiel reflejo de nuestras emociones, como el miedo, la ira, el odio. El tacto facilita una clase especial de proximidad, puesto que cuando una persona toca a otra, la experiencia es total e inevitablemente mutua. La piel se pone en contacto con la piel, en forma directa o a través de la vestimenta, y se establece una inmediata toma de conciencia de ambas partes.

De tacto viene el término contacto y constantemente estamos en contacto con algo o alguien, sea el piso que pisamos, la ropa que vestimos, el asiento contra las nalgas, la presión del aire, el viento, la luz del sol, la niebla, las ondas acústicas y, algunas veces, otros seres humanos, por roce, caricia, toque, abrazo o golpe.

El bebé recién nacido explora mediante el tacto; es así como descubre dónde termina su propio cuerpo y empieza el mundo exterior. A medida que el niño crece, aprende que hay objetos y partes de su propio cuerpo y del de las otras personas, que se pueden tocar y otras que no. Tan vital resulta para todos el contacto que si un niño no recibe contacto táctil enferma de marasmo (suicidio infantil), sus defensas bajan notablemente y si no muere, enferma gravemente.

El sexo es el modo en que redescubrimos la comunicación táctil de nuestros primeros meses y años de vida.

Como el tacto es una manera de expresarse del lenguaje corporal, la parte del cuerpo que toca envía un mensaje: no es lo mismo apoyar una mano en el antebrazo del otro que en su rodilla. A veces interpretamos todo contacto físico como una invitación o provocación sexual. Sin embargo el contacto puede ser de amistad, de consuelo, de apoyo, de solidaridad o puede ser un pedido de contención y ayuda. Justamente por lo importante que resulta el tacto es fundamental tener cuidado con qué y cómo tocamos.

Hay muchas personas que siempre están dando palmadas en la espalda o tocando a los otros en los brazos, como para llamar su atención. Es bueno demostrar cariño, pero también hay que guardar el debido respeto a los demás. Conviene no tocar a otro sin necesidad pues hay quienes se sienten muy molestos si los tocan.

Pero ponerse las manos en los bolsillos para contenerlas cuando hablamos o escuchamos no es buena idea porque eso denota indiferencia y mala educación.

A través del tacto enviamos y recibimos infinidad de señales que producen en nosotros (o en los otros) reacciones espontáneas condicionando constantemente nuestros sentimientos, pensamientos y elecciones. Por ejemplo: si alguien nos toca mucho y eso nos disgusta dejamos de prestar atención a lo que nos dice mientras buscamos el modo de alejarnos. O por poner un caso opuesto, si el otro (o nosotros) rechaza todo contacto por delicado y adecuado que sea, provocará una sensación de incomunicación independientemente de lo valioso que pueda resultar el intercambio.

Para finalizar este punto podemos decir que el tacto, el gusto (del que no hemos hablado pero que también participa aunque en menor grado) y el olfato son sentidos de proximidad, mientras que el oído y la vista pueden brindar experiencia a distancia.

5/ El oído sabio

A la información que recibimos por medio del oído, más allá de las palabras concretas que escuchamos, se le llama Paralenguaje. Y se refiere a cómo se dicen las cosas.

Cuando escuchamos a otro simultáneamente con lo que dice estamos escuchando las cualidades de la voz (altura y fluidez verbal), el tono (grave o agudo), la intensidad, las pausas y el ritmo. Decimos, por ejemplo: "Me molesta el tonito; no lo que me dijo", "Habla tan rápido que termino confundido" o "Habla tan lento que me aburre". O bien comentamos: "Todo lo que dijo es cierto pero no sé, lo dijo de una manera..." o "Es increíble, esto me lo dijeron muchas veces pero ahora que tú me lo dices por fin lo entiendo". Podría continuar con cientos de ejemplos, pero creo que bastan estos para mostrar cuánta sabiduría y trascendencia tiene el oído en la comunicación.

Las palabras nos llegan siempre con un tono, una intención, un volumen y son esos aspectos más que las palabras en sí, los que nos afectan y con los que afectamos. Cuando entre lo dicho y el modo de decirlo hay congruencia respondemos bien, mientras que ante la incongruencia sentimos fricción e incomodidad y tendemos a reaccionar mal o a quedar confundidos.

PARA RECORDAR

1. Podemos dividir la cabeza en dos zonas fundamentales: la cabeza propiamente dicha como conjunto y el rostro con su expresividad.

2. En el rostro se asientan los sentidos de: la vista, el oído, el olfato y el gusto: todos ellos participan ampliamente a la hora de recepcionar señales y emitirlas.

3. Por medio del sentido del oído recibimos las señales del tono de voz y la intención de lo dicho, además de escuchar las palabras en sí mismas.

4. Usamos la mirada para conquistar, intimidar, avisar, acordar, invitar, negar, esquivar...

5. La vista es un órgano importantísimo a la hora de enviar señales no verbales.

6. La sonrisa es posiblemente el segundo recurso (después de la mirada) que utilizamos para comunicarnos sin palabras.

7. El tacto se halla distribuido en toda la superficie de la piel, es por tanto nuestro órgano más extenso y sensible cuyas impresiones afectan profundamente nuestras percepciones.

8. El tacto cumple una función vital a la hora de establecer vínculos.

9. Las emociones básicas son: sorpresa, miedo, cólera, disgusto, felicidad y tristeza, ninguna podemos evitar que se delaten por medio de nuestro lenguaje corporal.

10. Todavía no hemos visto todo, faltan las extremidades con su movilidad y sus muchos mensajes...

LAS EXTREMIDADES TAMBIÉN HABLAN

Las extremidades también hablan

Tanto mirar y hablar de la cabeza no vayamos a olvidarnos de las maravillosas extremidades que de tan móviles ¡son expertas comunicadoras! A pesar de lo fundamentales que nos resultan para vivir (imagínense sólo por un minuto carecer de brazos o piernas y no tendrán dudas de su importancia), tendemos a no prestarles la merecida atención, como si diésemos por sentado que es tan normal su uso y sus movimientos, que su utilidad se limita a ser puramente funcional. Y sí, son funcionales pero además con ellas enviamos cientos de señales constantes que hacen a nuestras relaciones y a nuestro desarrollo en la vida.

Entonces sabiendo que tanto las extremidades superiores, que son los brazos, y las inferiores, que son las piernas, envían señales y teniendo en cuenta que lo que "dicen" difiere, vamos a verlas por separado.

1/ Brazos, manos y palmas

¿DÓNDE PONGO LOS BRAZOS?

¿A quién no le resultan incómodos los brazos en esas ocasiones en que estamos expuestos a la mirada del otro? "No sé dónde poner los brazos."

"No sé que hacer con las manos", son frases habituales que todos repetimos alguna vez. ¡Benditos sean los bolsillos!

Sin embargo usamos los brazos de muchas maneras a la hora de comunicarnos sin palabras, por ejemplo creando una barrera protectora cuando estamos inseguros, asustados, incómodos.

Esconderse detrás de una barrera es una respuesta humana normal que aprendemos a edad temprana para protegernos. Al cruzar uno o los dos brazos sobre el pecho se forma una barrera que, en esencia, es el intento de dejar fuera de nosotros la amenaza pendiente o las circunstancias indeseables. Por eso cruzar los brazos es un signo inequívoco de actitud defensiva y en ocasiones negativa (demostramos así el desacuerdo o enojo), o para escondernos cuando nos sentimos inseguros. Cualquiera sea la causa, siempre dificulta la comunicación.

El gesto es universal y expresa la misma actitud defensiva o negativa, casi en todas partes. Suele verse cuando una persona está entre desconocidos en reuniones públicas, colas bancarias, bares, ascensores o en cualquier lugar donde se sienta insegura.

En cualquier situación cuando el oyente se cruza de brazos, no solamente tiene pensamientos negativos sobre el que habla, sino que también presta menos atención a lo que dice. Los oradores con experiencia saben que ese gesto demuestra la necesidad urgente de romper el hielo para que los oyentes adopten actitudes más receptivas, por ejemplo hacerle alguna pregunta para que participe, o modificar el tono de voz para llamarle la atención y posibilitar un cambio de actitud.

Si lo hacemos con los puños cerrados, es porque intentamos contener la furia y el deseo de atacar al otro. En ocasiones además la persona tiene los dientes apretados y la cara enrojecida, en este caso mejor cambiar de tema, tranquilizarlo o ¡huir! ¡Pues el ataque verbal o físico es inminente!

Claro que a veces todo este conjunto de gestos lo vemos en personas (o en nosotros) que están en la sala de espera de un médico o de un dentista, o en las que viajan en avión por primera vez y esperan el despegue, en este caso es un intento desesperado de controlar el temor y la negatividad, pretendiendo proteger el cuerpo expuesto.

En cambio cuando nos cruzamos de brazos dejando los pulgares fuera, no estamos controlando ningún miedo sino que queremos demostrar superioridad.

Si sólo nos agarramos un brazo, es signo de estar pendientes, expectantes; una suerte de duda entre cruzar los brazos y crear una barrera o soltar el brazo cogido demostrando confianza en nuestro interlocutor. Los políticos, vendedores, y todos los que nos vemos muy expuestos, cuando no deseamos que el público (o los demás) se den cuenta de que estamos nerviosos o inseguros, en lugar de cruzar directamente un brazo sobre el otro buscamos formas más disimuladas de crear una "barrera", por ejemplo sujetando algún objeto contra el pecho (una cartera, un libro, una carpeta, etc.), o sujetando discretamente el brazo que queda vertical cruzando por delante del cuerpo el otro, o poniendo las manos delante del pecho fingiendo arreglarse los puños de la camisa, o abrocharse los botones. También solemos tomarnos las manos fingiendo una mayor concentración y seriedad, o bien una mano sostiene un bolso, toca el reloj, o se saca la pelusa invisible del suéter, ¡qué justo está al otro lado de esa mano!, pues todos son modos discretos de crear una barrera logrando la sensación de seguridad necesaria.

LAS MANOS

De todas las partes móviles de nuestro cuerpo ¡ninguna tan móvil y charlatana como las manos! ¿Quién no ha oído la expresión: "Habla con las manos"? o "Si te ataran las manos te quedarías mudo".

Todos estaríamos bastante incómodos si tuviésemos que renunciar a los ademanes con que tan a menudo acompañamos e ilustramos nuestras palabras.

Muchas veces somos conscientes del movimiento de manos de los demás (algo menos de los propios), pero en general lo ignoramos, dando por sentado que no se trata más que de gestos sin sentido. Sin embargo, los ademanes comunican e incluso muchas veces contribuyen a esclarecer un mensaje verbal poco claro.

Las personas más extrovertidas tienden a usar mucho más las manos que las introvertidas. Hay quienes parecen no poder dejarlas quietas y quienes las mantienen rígidas como temiendo que "hablen". Pero todos las usamos de un modo u otro cuando nos comunicamos y, según cómo las usemos, será lo que estemos transmitiendo.

Una de las cosas fundamentales que hacemos con las manos es el apretón del saludo del que hablamos anteriormente.

Otros gestos que hacemos son, por ejemplo: dar la mano y coger la muñeca o coger el codo o el brazo, sólo se debe hacer con personas conocidas o del entorno cercano, pues se está invadiendo la zona íntima del otro. Si el gesto lo realiza un político o un vendedor con un cliente eventual, esto descoloca al receptor y no es bueno.

Tomar a otro de la parte superior del brazo transmite más sentimiento que tomarlo de la muñeca. Y más aún transmite tomarlo del hombro.

Si, por ejemplo, nuestro interlocutor o interlocutora (o por cierto nosotros mismos) apoya su mano con un dedo sobre la sien o sobre la mejilla denota interés por el tema que se está tratando.

Acariciarse la barbilla o apoyar el pulgar e índice en la barbilla, denota pensamiento, evaluación de la situación, toma de decisiones; en cambio frotarse la cabeza o darse palmadas en ella denota enojo, enfado y otras veces un simple olvido.

Cuando tenemos las manos con los dedos entrelazados sea a la altura de la cara, apoyados en la mesa, o de pie en la parte baja de la cintura, si al mismo tiempo sonreímos o nos mostramos satisfechos, puede parecer un gesto de bienestar, pero en realidad estamos indicando que sentimos frustración y también que tenemos una actitud negativa. Esta negatividad será más acentuada cuanto más altas estén las manos. Si es el otro quien adopta esta actitud lo ideal será provocar alguna acción para desenlazar los dedos y exponer las palmas y la parte delantera del cuerpo, sino permanecerá la actitud hostil.

Cuando en cambio entrelazamos los dedos detrás de la nuca en una reunión íntima, puede indicar que estamos relajados y sentimos confianza y satisfacción con nosotros mismos y también que estamos siendo algo altaneros, ya que las dos manos detrás de la cabeza es un gesto típico de los contadores, abogados, gerentes de ventas o personas en general que sienten mucha confianza en sí mismas, o son dominantes, o se sienten superiores en algún aspecto. Esta postura que denota cierta soberbia, a algunos les irrita, a otros intimida y a muchos les choca y los aleja.

Cuando cerramos la mano y apuntamos con un dedo, estamos comunicando claramente una posición dominante y algo agresiva.

Frotarse las manos indica tanto que se espera algo bueno, como que se tiene una expectativa positiva, o se siente un buen entendimiento entre las partes, o puede expresar satisfacción por haber logrado un objetivo deseado.

Juntar las yemas de los dedos de ambas manos denota un alto grado de confianza en uno mismo y seguridad. Hacia arriba se utiliza cuando se opina sobre algo; hacia abajo se suele utilizar cuando se está escuchando.

Cuando cruzamos y agarramos nuestras manos por detrás de la espalda, estamos delatando un alto grado de seguridad en nosotros mismos y una clara posición dominante, más si lo hacemos al caminar, con la cabeza levantada y el mentón hacia delante, gesto común en los policías que recorren las calles, en el director de la escuela, en los militares y en todas las personas que tengan autoridad. Es de por sí un gesto de superioridad y seguridad.

En cambio si lo que tomamos por la parte trasera son nuestras muñecas o un brazo es signo de intranquilidad e inseguridad, sobre todo si la cabeza está cabizbaja o hundida en los hombros. En cambio si tenemos la cabeza levantada y el mentón desafiante, este gesto demuestra frustración y el intento de autocontrolarse.

• Otra postura típica: las manos en ojiva

Las manos en ojiva es la postura típica del rezo, es decir palma contra palma con las puntas de los dedos de una mano apoyadas en las puntas de los dedos de la otra.

Esta postura no sólo la utilizamos al rezar, sino que algunos la utilizamos en infinidad de ocasiones diarias. Este gesto denota una actitud de seguridad. Por eso lo utilizan aquellos que se tienen confianza, que se creen o se saben superiores (sea por puesto, por conocimiento o por edad), o la persona que tiende a una gesticulación mínima. También es un gesto común entre los contadores, abogados, gerentes y otros profesionales.

La ojiva hacia arriba se usa cuando la persona está opinando. La ojiva hacia abajo se usa más cuando se está escuchando.

• ¡Hasta el pulgar delata!

¡Quién diría que algo tan minúsculo tuviese tanta importancia! Sin embargo así es.

Dicen que los pulgares representan la fuerza del carácter y el ego, por eso son utilizados para destacar ciertos gestos. Se usan, por ejemplo, para expresar dominio, superioridad e incluso agresión.

Si bien los gestos con los pulgares son secundarios, forman parte de un grupo de gestos, tales como meterse las manos en los bolsillos dejando los pulgares fuera que es claro signo de poderío, de dominación y de seguridad y en ocasiones, si otros gestos se combinan, de directa provocación o agresión. Lo mismo pero más disimulado, si es en los bolsillos traseros. También cruzar los brazos dejando los pulgares fuera es signo de una actitud dominante.

En cambio ciertos gestos que exponen los pulgares representan expresiones positivas al mismo tiempo que frías (e incluso altaneras), tal como sujetarse el saco con los pulgares fuera y hacia arriba, mientras se habla, postura que parece natural de un directivo frente a sus subordinados.

Cuando un hombre, que al intentar cortejar, realiza gestos con las manos en los que exhibe notoriamente los pulgares, normalmente hacia arriba, pretende demostrar autoconfianza o superioridad (la mujer por lo general no tiende a estos gestos, pues posee otros).

Las personas que usan ropas nuevas y atractivas hacen más gestos con los pulgares que las que usan ropas pasadas de moda. Sin embargo muchas veces no lo notamos salvo cuando la persona está dando un mensaje contradictorio, ¡ahí el pulgar se hace notorio!

Con frecuencia los pulgares salen de los bolsillos, a veces de los bolsillos posteriores, como para disimular la actitud dominante de la persona. Las mujeres agresivas o dominantes usan también este gesto.

Los que muestran los pulgares suelen añadir a este gesto el balanceo sobre los pies para dar la impresión de tener mayor estatura.

El pulgar puede usarse también para señalar burlonamente o despectivamente a otra persona. Gesto que resulta por demás desagradable e irritante. Las mujeres tienden menos que los hombres a realizar este gesto, aunque a veces lo utilizan para señalar a un "ex" desastroso.

• Gestos de agresión con las manos

Sacando los gestos concretos de agresión manual tales como cachetear, golpear, pellizcar, hay otros gestos contundentes pero más indirectos, como por ejemplo cuando llevamos las manos a las caderas. Con las manos en las caderas se busca parecer más grandes cuando se está peleando. Es común ver a los pequeños ponerse las manos en las caderas para hacer frente a otro en un intento inconsciente de intimidarlo. Incluso si están muy enojados y asustados suman a este gesto mostrar los dientes (nosotros, ya adultos, también lo hacemos).

Con el gesto característico de las manos en las caderas, y los pulgares enganchados en el cinturón, y no estando ubicados enfrentados, sino ubicados cada uno en ángulo con el otro, señalamos que estamos evaluándonos inconscientemente, al punto de que la conversación puede ser cordial, pero mientras no saquemos las manos de las caderas el ambiente no será relajado.

El saco abierto y echado hacia atrás señala una actitud de agresión directa, ya que el individuo expone el corazón y la garganta en un despliegue no verbal de valor. Sacudir un brazo con la mano abierta es el gesto usado para echar a alguien demostrándole tácitamente que podríamos golpearle si se niega.

Cruzar las manos girando los pulgares entre sí denota furia contenida y fastidio, advirtiendo a quien está con nosotros que lo mejor será poner fin al tema, pues no nos está creyendo o le disgusta lo que decimos.

• Las palmas y sus mensajes

Imposible separar las manos de las palmas y las palmas tienen mucho que decir por sí mismas.

Muchos juramentos se efectúan colocando la palma de la mano sobre el corazón; la mano se levanta con la palma hacia afuera cuando alguien declara en un tribunal; la Biblia se sostiene con la mano izquierda y se levanta la palma derecha.

En la vida cotidiana, usamos dos posiciones fundamentales de las palmas: una es hacia arriba en la posición del mendigo que pide dinero o comida, y la otra es hacia abajo como si se tratara de contener, de mantener algo sujeto. Cuando queremos mostrar que estamos siendo francos y honestos, levantamos una o ambas palmas hacia la otra persona diciendo algo así como: "Voy a serte sincera"... También cuando comenzamos a confiar en otro exponemos las palmas o partes de ellas. Es un gesto casi siempre inconsciente que no resulta amenazador pues por el contrario denota sumisión.

Las palmas hacia arriba no siempre son un gesto de honestidad, en ocasiones son indirectamente de mando. Es un gesto que parece invitar pues no resulta amenazador, pero al mismo tiempo implica un reto o una orden, como cuando decimos simultáneamente: "Pero ¿cómo hiciste eso?" o "¿Podrías hacerlo?". En cambio cuando decimos lo mismo con las palmas hacia abajo estamos emitiendo una clara señal de mando. Al colocarlas así adquirimos inmediatamente autoridad, el receptor siente que se le está dando una orden. Aún cuando estén abiertas, significan una posición dominante y, en ocasiones, poca honestidad (suelen colocarse así cuando se quiere mentir).

La palma cerrada en un puño, con el dedo señalando una dirección, es un gesto por todos conocido y definitivamente molesto, sea que nos lo hagan o que lo hagamos, ¡siempre es una orden que produce el efecto de un golpe!

2/ ¿Y los pies?

LOS ZAPATOS LLAMAN LA ATENCIÓN, PERO ADEMÁS...

En las extremidades superiores fuimos del brazo a la mano y de la mano a la palma, ahora en cambio comenzaremos por la base: los pies, para luego ascender.

Las mujeres, sometidas a zapatos elegantes pero muchas veces incómodos o agotadores, saben cuántas veces anhelan llegar a casa ¡sólo para sacarse el maldito calzado! Por eso a veces en una reunión, en un bar, o en el trabajo, los pies parecen padecer el baile de San Vito, moviéndose inquietos a la vez que intentan ser discretos. Sin embargo en otras ocasiones el movimiento de los pies y los zapatos es totalmente intencional, como por ejemplo cuando una mujer juega a quitarse el zapato y antes que caiga lo vuelve a su lugar, en una clara provocación seductora de la que nunca somos inocentes (¡no hagan trampas!).

Otras veces enganchamos un pie en la otra pierna para fortalecer la actitud defensiva, sin pecar de obvios (este es un gesto casi exclusivamente femenino, que sobre todo lo usan las mujeres tímidas, cuando se encierran en su caparazón).

Cuando estamos hablando con una persona y esta pasa el peso del cuerpo insistentemente de una pierna a otra, hay tres posibilidades: o le duelen los pies, o necesita ir al toilette o ¡la estamos aburriendo!

Como los pies están usualmente tan abajo, pasan más inadvertidos que, digamos, la cara, eso nos permite un sinfín de gestos de descarga que nos vemos impedidos de hacer con otras partes del cuerpo en muchísimas ocasiones. Por ejemplo, estamos en una reunión de trabajo y realmente queremos un ascenso pero el jefe o la jefa se ponen a hablar de sus problemas personales como si fuésemos íntimos y nos vemos obligados a gesticular para demostrar comprensión, atención y solidaridad, pero en realidad nos importa muy poco, pues bien: ahí los pies que suelen, por suerte, quedar tras el escritorio, serán libres de dar golpecitos, sacudirse jugando en el piso, ponerse y quitarse el calzado, como recursos para expresar el fastidio.

TODO PIE TIENE SU PIERNA

No sólo de pie está hecha nuestra base pues todo pie tiene su pierna, y las piernas ocupan más espacio, son más visibles y sus recursos gestuales más conocidos.

El cruce de piernas, al igual que los brazos, denota una actitud defensiva o de cierta desconfianza. Si los brazos, además, sujetan la pierna, significa una actitud cerrada, de terquedad, de inmovilismo, bastante obvia, vamos a decir.

El cruce de piernas estando de pie indica que estamos a la defensiva, pero si las mantenemos ligeramente abiertas, digamos, "casi como cruzadas", mostramos una actitud cordial, un talante negociador y abierto.

Cruzar los tobillos es la actitud intermedia entre pasar a la defensiva (cruzar las piernas) y actitud de confianza (separar las piernas). Lo mismo puede significar colocar al pie en una varilla de la silla o en algún lugar semielevado (una actitud intermedia).

La versión masculina del cruce de tobillos se combina a menudo con los puños apoyados sobre las rodillas o con las manos tomando con fuerza los brazos del sillón. La versión femenina es apenas distinta: se mantienen las rodillas juntas; los pies pueden estar hacia un costado, y las manos descansan una al lado de la otra o una sobre la otra, apoyadas en los muslos.

En un principio, el propósito de cruzar los brazos sobre el pecho era defender el corazón y la región superior del cuerpo de los concretos ataques de cuchillo o espada muy habituales en otras épocas –en esta ya no se ataca con espada y contra las balas los brazos sirven de poco– . En cambio cruzar las piernas es el intento de defender la zona genital. Por ello se considera que el cruce de brazos señala una actitud más negativa que cruzar las piernas, y resulta más evidente, pues mientras el primero dice que se está cerrado a sentir, es decir al afecto y la confianza, el segundo sólo indica temor al encuentro íntimo.

Hay que tener cuidado cuando se interpretan los gestos de cruzar las piernas de una mujer, pues a muchas les han enseñado que "así se sientan las damas".

Hay dos maneras fundamentales de cruzar las piernas estando sentados: el cruce estándar y el cruce en que las piernas dibujan un 4.

Cruce de piernas estándar, sentados: Una pierna por encima de la otra; por lo general, la derecha sobre la izquierda, que indica una actitud defensiva, reservada o nerviosa. Es un gesto de apoyo a otros gestos negativos y no debe interpretarse aislado del contexto, ya que puede ser simplemente que a la persona le resulte más cómodo que otra o por algún otro motivo.

Cruce de piernas estándar estando de pie: Cruzar un pie delante de otro (sin perder el equilibrio). Suele ocurrir entre personas que no se conocen y su actitud, igual que en el caso anterior, es de defensa. En ocasiones este cruce es discreto, en ese caso colocamos una pierna más adelantada que la otra sin que se toquen y lo que cruzamos es el pie, como si así protegiéramos nuestra base, es decir nuestro punto de vista o posición.

El cruce en 4: Es típicamente norteamericano (ahora copiado en muchos otros sitios gracias a la televisión y el cine) y consiste en colocar una pierna sobre la rodilla de la otra formando literalmente un 4. Este cruce de piernas indica que existe una actitud de competencia o discusión.

Cuando las personas no se conocen y están conversando, sus cuerpos: con brazos y piernas cruzadas, están demostrando una actitud cerrada, pero a medida que comienzan a sentirse cómodas y a conocerse, comenzará el proceso de apertura y adoptarán una posición más relajada y abierta.

PARA RECORDAR

1. Los brazos cruzados implican protección y distancia.

2. Los brazos abiertos indican apertura y buena disposición. El cruce de brazos puede ser directo o disimulado.

3. Las manos envían señales en el saludo (según cómo estrechemos la mano), también lo hacen según sus movimientos, que pueden apoyar o contradecir lo que decimos verbalmente.

4. Las manos en la cara, sea del modo que sea, suelen indicar engaño.

5. Juguetear con las manos o tamborilear los dedos indica aburrimiento o nerviosismo.

6. Las palmas señalan honestidad o deshonestidad, según se expongan o se oculten.

7. El pulgar tiene sus propios mensajes: soberbia, agresión, autoridad.

8. Poner exageradamente las palmas hacia arriba es típico de vendedores entrenados, si el gesto es muy evidente producirá el efecto contrario al buscado.

9. Las piernas y/o los pies cruzados también defienden.

10. Para seducir usamos muchos recursos y en ellos todo el cuerpo participa...

EL LENGUAJE DE LA SEDUCCIÓN, SUS TRUCOS Y SECRETOS

El lenguaje de la seducción, sus trucos y secretos

Entremos ahora en "el tema" que a todos de una manera u otra más nos preocupa. No porque lo anterior carezca de importancia, al contrario, nos ha dado una base firme para decodificar los muchos mensajes.

Ahora bien, valga aquí una importantísima aclaración. La seducción –como el amor y la atracción– es un tema tan misterioso como insondable y por mucho que se estudie siempre resulta esquiva. Por eso intentar clasificar los gestos no verbales específicos de estos temas, queda en eso, en un intento que nunca podrá abarcar todo.

Al no tener en cuenta esto puede que uno crea que conociendo las señales basta con llevarlas a la práctica intencionalmente para obtener lo deseado. Se puede intentar pero el problema radica en que, al tratar de fingir, siempre aparece una falta de asociación, algo que resulta calculado o directamente torpe, porque en el mensaje corporal existe una indicación de que algo, en alguna parte, no es real. ¡Recordemos que el cuerpo nunca miente!

Lo que sí es posible es sacar buen provecho de esta información para ser más conscientes de nosotros mismos y por lo tanto de las señales de los otros, ¡y eso no es poco!

1/ Autoestima y atractivo físico

Durante el primer encuentro lo que se dice con palabras parece no importar mucho. Influye mucho más la primera impresión (el conjunto de señales no verbales que percibimos) que lo que se habla. ¡Claro que sin exagerar! Lo que conversamos tiene su importancia. Si alguien nos "encanta" terminamos el encuentro con la sensación de que la conversación ha sido interesantísima. Si la contamos a otro este suele pensar que no ha sido nada tan especial (a veces nosotros mismos al contarlo nos damos cuenta), pero lo cierto es que dentro del conjunto de impresiones agradables hasta lo intrascendente suele adquirir valor. En cambio si alguien nos repele, ¡no le damos ni la oportunidad para saber si es o no interesante lo que tiene para decirnos!

Por esto en un primer encuentro es importante tratar de mostrarnos como somos, y a la vez abiertos, sinceros y bien dispuestos al intercambio. Ser un buen oyente, usar correctamente el lenguaje corporal y tener una apariencia física que resulte atractiva a la otra persona son puntos a favor. Las personas más atractivas tienen más probabilidades de encontrar alguien con quien iniciar una relación amorosa, o lograr un contrato en una entrevista de trabajo o ser absueltas en un juicio, debido simplemente a que quien causa agrado, logra mejores resultados.

Ahora bien, ¿qué es realmente ser atractivo? ¿Es ser simplemente bonita o guapo según los cánones convencionales? ¿Es algo más?

¡Por cierto que es algo más! Algo mucho más real. Es: ¡Cómo nos vemos y nos juzgamos a nosotros mismos y cuánto nos amamos! Pues eso será lo que irradiemos y lo que los demás verán.

Aunque desconfiemos de esta afirmación, lo cierto es que lo que pensamos de nosotros mismos ejerce una influencia en la imagen que damos a los demás. Si piensas: "No soy más que alguien común y corriente a quien nadie presta atención", es posible que des una impresión de repliegue y distancia tal, que en verdad nadie se atreva a acercarse por temor a molestarte. Si en cambio tiendes a pensar que todos te consideran tonto o poco capaz, y eso te enoja, es probable que des una impresión de hostilidad que mantenga a los demás a prudente distancia por miedo a tu reacción. Los demás nos juzgan según cómo nos juzgamos a nosotros mismos. ¡Si pensamos (pero de verdad) que somos personas estupendas y encantadoras tenemos muchas probabilidades de que los demás estén de acuerdo con nosotros!

Existen claras señales de baja autoestima que alejan a los demás. Sin darnos cuenta muchas veces proyectamos toda esa carga negativa que poseemos, y toda esa tristeza o falta de confianza en nosotros mismos sobre los demás y luego no entendemos por qué todo nos sale mal o por qué estamos solos.

El primer paso para cambiar esas situaciones desagradables es evitar ciertas actitudes en el lenguaje corporal:

• **Falta de contacto visual:** El otro necesita ser mirado tanto como nosotros. La mirada excesiva y anhelante también aleja porque indica que estamos ansiosos y a la "pesca".

• **Gestos nerviosos:** Juguetear constantemente con algo que tengamos en las manos o tamborilear sin parar sobre la mesa (o cualquier otro gesto similar), hacen sentir al otro que nos aburre.

• **Mirar al piso constantemente:** Hay que levantar la frente y mirar hacia adelante con confianza.

• **Hacerse un ovillo en la silla:** Es una señal de rechazo por más que nos nazca desde la timidez.

• Mantenerse durante el encuentro cruzados (de brazos, de piernas): Dando la sensación de que queremos sujetarnos, indica al otro que no lo dejamos acercarse.

• La expresión facial, poco amigable: Seria, siempre enfocada en nuestros problemas, o tensa, no es algo que atraiga mucho. Nos gusta que nos sonrían, nos escuchen, nos miren, pues bien comencemos por sonreír, escuchar, mirar...

• Hablar a los gritos: Hablar compulsivamente sin fijarnos si al otro le interesa o no. Interrumpir constantemente. ¡Todo esto garantiza la huida pronta del otro!

Autoestima no es sólo quererse diciendo "soy una buena persona", es mucho más, es valorarse realmente, es positivizar la vida, apostar a los propios objetivos, confiar, abrirse sin temor a quedar destrozados a la primera contrariedad. Conocer nuestros potenciales y fuerzas y respetarnos. Y ¡oh paradoja!, es la autoestima lo que más nos cuesta conquistar. La buena noticia es que podemos lograrlo sólo con poner ganas y dedicación, ¡y sobre todo dándonos cuenta de que todos tenemos aspectos valiosos que otros pueden disfrutar junto a nosotros!
Algunas señales de buena autoestima son:

• Mirar de frente con una expresión abierta y franca en el rostro.

• Sostener el cuerpo bien plantado pero sin tensión. Cómodos en nosotros mismos y cómodos con el otro.

• Movimientos fluidos y espontáneos. Tanto de extremidades, como del cuerpo en su conjunto.

• Entablar una conversación armoniosa y sincera en la que somos capaces de dar nuestro punto de vista, tanto como de respetar el del otro aun cuando no coincidan.

¡Y sobre todo irradiar un "aura" (un "algo") que atrae al otro más allá de toda palabra o gesto! Preguntarán: ¿Qué "algo"? ¡Ese algo es nuestro sentimiento interno de satisfacción con nosotros!

2/ La seducción en los negocios, la seducción en el amor

En el trabajo, en los negocios, en la amistad, en el amor, lo que permite su existencia son los vínculos. Y todo vínculo depende de nuestro modo de comunicarnos y expresarnos verbal, corporal y gestualmente. Por lo tanto si bien hay gestos, tonos y temas, propios de cada una de las situaciones, hay otras claves que son comunes a todos.

Una de las claves para establecer relaciones interpersonales satisfactorias estriba en dispensar a los demás la atención y el reconocimiento que merecen (¡y que uno desea recibir!). Conceder nuestra atención a otro constituye una acción de reconocimiento que este último interpreta como valoración a su identidad.

Un medio que los buenos comunicadores emplean para lograr una compenetración con los demás consiste en hacer concordar su lenguaje corporal y su tono de voz con los de sus interlocutores. Por ejemplo, si nuestro interlocutor está sentado, nos sentamos, y si está de pie, permanecemos derechos. De lo contrario, puede crearse una situación desagradable.

Obramos de acuerdo con unas reglas tácitas sobre el espacio personal y nos sentimos incómodos si se infringen sin permiso. Tendemos a mantener un grado de contacto visual similar al de nuestro interlocutor y nos sentimos intimidados si nos miran fijamente. Por otro lado, si acostumbramos establecer un contacto visual prolongado, nos mantendremos a distancia de aquellas personas que rehuyen nuestra mirada.

Si deseamos llegar a compenetrarnos con alguien, debemos procurar que ciertos aspectos de nuestro lenguaje corporal concuerden con los de esa persona; adoptar la misma postura, mantener un mismo grado de contacto visual, acompasar la velocidad y la frecuencia de sus gestos.

Un excelente ejercicio para corroborar esto es iniciar una conversación banal con alguien y, cuando ya nos sentimos cómodos, intencionalmente buscamos concordar nuestro lenguaje corporal con el de la otra persona. Adoptamos la misma postura, la frecuencia y la magnitud de sus gestos (sutilmente, o sea ¡sin resultar obvios ni groseros!). De inmediato comprobaremos que la comunicación se vuelve más fluida. Luego simplemente rompemos la concordancia del lenguaje corporal de forma drástica y comprobaremos que la fluidez se corta y la comunicación se entorpece incluso, a veces, al punto de darse por terminada.

LA IMPORTANCIA DE NUESTRA PROYECCIÓN EN EL TRABAJO

Lo que proyectamos y cómo lo proyectamos en el mundo profesional muchas veces es el único punto de evaluación de nuestra capacidad de producir y de nuestra personalidad. No importa dónde sea nuestro lugar de trabajo, es esencial tener una actitud positiva en cualquier circunstancia en que nos encontremos. Veamos algunos ejemplos habituales.

• Cuando vamos a una entrevista de trabajo: nos enfrentamos a una situación de mucho riesgo potencial en cuanto al lenguaje corporal, pues ignoramos en qué medida el otro estará atento y cómo nos interpretará. Lo apropiado es mostrarse sereno, confiado, respetuoso y al mismo tiempo ser claros y precisos, en lo que se dice y se muestra.

• Cuando nos entrevistamos con alguien: que tiene el poder de abrirnos o cerrarnos la puerta, hasta el más ínfimo detalle cuenta. Desde el contacto visual hasta un firme y seco movimiento de manos. Un cortés reconocimiento de gratitud, con una relajada pero erguida postura, y sobre todo no preocuparse por cómo está resultando la entrevista, es preferible dejarla fluir.

Normalmente los motivos de rechazos son:

Una pobre presentación: La timidez nos impide utilizar adecuadamente la mirada, nos mostramos reticentes y esquivos. Damos la mano débilmente o demasiado fuerte. Nos presentamos encogidos e inseguros o demasiado prepotentes sin mostrar agradecimiento a quien nos está dando una oportunidad. Minimizamos nuestras capacidades. O lo peor: ¡nos cruzamos de brazos y/o de piernas de modo más o menos evidente!

Una apariencia lastimosa: El modo en que nos vestimos ya dice mucho de quiénes somos, si aparecemos zaparrastrosos, o sucios, o desprolijos, o con prendas inadecuadas, provocaremos rechazo al primer contacto visual. Es importante por tanto vestir adecuadamente, lo que no implica prendas caras ni lujos de ningún tipo sino sobriedad, limpieza y una buena presentación. Luego una vez sentados debemos seguir la regla de oro: mantenernos erguidos (un modo es sentarse sin apoyarse en el respaldo, dejando que la columna se estire sosteniendo la cabeza como si pendiera del techo por un hilo), atentos al otro, con una firme dosis de contacto visual a lo largo del período de preguntas.

Trucos para tener éxito cuando ya estamos trabajando:

Los encuentros semanales o diarios en el trabajo pueden hacerse muy rutinarios, por lo que dejamos de reconocer la importancia de nuestro lenguaje corporal cuando nos sentamos alrededor de la mesa en una reunión, o en el escritorio de trabajo. Incluso cuando establecemos un vínculo amigable y familiar, perdemos rápidamente la conciencia de que seguimos en el trabajo, por lo que podemos caer en conductas corporales que generen, a la larga o a la corta, dificultades. Por eso es aconsejable que tengamos en cuenta ciertos actos:

• **Postura:** Un muy importante indicador de una confiada y vibrante personalidad está comandado por la buena postura. Proyecta fuerza de carácter y convicción. Alguien que no cree en sí mismo o en lo que hace, alterará su postura encogiéndose, torciéndose, o desparramándose, como si estuviese en el sillón de su casa, y enviará señales que terminen generando desconfianza, duda o desvalorización en los otros.

• **Excesivo movimiento:** El no poder quedarse quieto es algo que padecen los niños con hiperactividad (para algunos resultarán disfuncionales, para otros sanos). Cuando somos adultos y estamos trabajando, a menos que nos hayan diagnosticado un grave desorden de la atención, la hiperactividad (jugar con su lapicera, tocarse el pelo o balancearse constantemente, golpear contra el piso de su pie bajo la mesa) indica un temperamento excitado y nervioso al que la ansiedad desborda. Esta actitud termina por molestar a los otros que comienzan a sentir rechazo, por lo que es preferible dejar de tomar tanto café o ir a correr antes del trabajo o buscarse un hobby que nos apasione o hacer gimnasia hasta extenuarnos para poder luego mantenernos con compostura en el trabajo.

PARA RECORDAR

1. Toda seducción comienza por nuestra autoestima.

2. La autoestima es la base de nuestra seguridad, confianza y claridad en los objetivos.

3. Una buena autoestima hace que resultemos atractivos para los demás.

4. El atractivo personal no es cuestión de destino sino de ¡cómo nos vemos y nos juzgamos a nosotros mismos y cuánto nos amamos!

5. Nuestros gestos delatan la seguridad y confianza que sentimos ante cualquier situación, tenerlos en cuenta a la hora de un encuentro es importante.

6. Lo que proyectamos y cómo lo proyectamos en el mundo profesional muchas veces es el único punto de evaluación de nuestra capacidad de producir y de nuestra personalidad.

7. Una pobre presentación y una apariencia lastimosa son motivos de rechazo en todo encuentro sea de trabajo o social.

8. Hacer concordar nuestro lenguaje corporal y tono de voz con los de nuestros interlocutores, sin exagerar, nos facilita el intercambio.

9. La postura, el uso de la mirada, y el modo en que nos movemos serán aspectos a favor o en contra en un encuentro, según causen agrado o fastidio.

10. La seducción no implica conquista del otro, sino y por sobre todo, conquista de uno mismo, de los propios objetivos y de una relación armoniosa con los demás...

EL RITMO INTERIOR, LA DANZA EXTERIOR

El ritmo interior, la danza exterior

Somos seres que vivimos constantemente en relación con otros y por lo tanto nos regimos por códigos tácitos de convivencia. Tenemos entre ellos los códigos de relación y comportamiento, aparte de reglas de vida; tales como hay que pagar las cuentas, no se puede atropellar a otro por la calle, no nos sentamos en cualquier parte, sólo por mencionar algunas pocas. En este cumplir con códigos utilizamos gestos que construyen lo que podemos llamar una suerte de danza prepautada que se produce de modo natural sin que los participantes sean conscientes de ella. Danzamos en los encuentros con otros como hemos visto antes, danzamos al trabajar, danzamos en nuestros vínculos y también al conversar. De todas estas "danzas", la de la conversación es una de las más importantes. Si la conocemos y la utilizamos conscientemente, resulta de gran utilidad y mejora en mucho nuestra vida.

1/ Aprendiendo a escucharnos y conocernos

En toda conversación hay "turnos" para hablar y para escuchar, saber respetarlos nos presenta como personas agradables. El modo de respetarlos es hacer un adecuado uso de las señales corporales:

• Ceder el turno: Indicamos el final de la intervención con el decrecimiento de la voz, con una pausa amplia o con una acotación que invita al otro tal como: "¿Qué me decís?", "Ya lo ves...", o "Y eso...". También es probable que los movimientos que acompañan al discurso vayan desapareciendo. Si el oyente no percibe estas señales, el hablante puede tocarle o levantar las cejas.

• Mantener el turno: Para mostrar que no queremos ceder el turno, se suele incrementar el volumen cuando notamos que el oyente quiere hablar y hacer pausas más cortas. Algunos sujetan al oyente del brazo como para frenarlo y al mismo tiempo atraerle la atención. Este gesto no es aconsejable ya que a muchos nos choca.

• Solicitar el turno: Levantar el dedo índice como hacíamos en la escuela, hablar simultáneamente y hacerlo más alto que el interlocutor apartando, además, la vista del hablante. También podemos hacer gestos indicándole que se apresure, tales como: asentir más rápido con la cabeza o golpetear el piso con el pie.

• Renunciar al turno: Cuando no nos interesa hacer ningún comentario, sonreímos y miramos con un leve alzamiento al otro, invitándolo a que hable o a que continúe. O bien guardaremos silencio y miraremos nuestro entorno mientras damos muestras de aprobación, como por ejemplo: "Ajá", o cualquier otro sonido onomatopéyico o interjección.

En esta danza de turnos saber escuchar prestando atención a "toda" la información que nos llega del otro, respetando nuestras percepciones sin cuestionarlas todo el tiempo, preguntando ante la duda y no "suponiendo", es lo que nos permite realmente llegar a conocerlo. Al mismo tiempo hablar pausado, no encimar conversaciones, mostrar interés y atención, respetar la opinión del otro aunque no coincidamos, ser conscientes de nuestras señales corporales, en alguna medida al menos, garantiza que el otro podrá conocernos llevándose una buena opinión de nosotros.

LAS DANZAS QUE ENTRE TODOS DANZAMOS

"Los hombres sabios conocen nuestra historia particular por nuestro aspecto, modo de andar y conducta. Toda la economía de la naturaleza es propensa a expresarse. El cuerpo, indiscreto, no sabe callar..." (Ralph Waldo Emerson).

Lo que nos sucede en el interior se reflejará de diversos modos en el exterior por medio de microseñales (o grandes señales) corporales y gestuales.

Del mismo modo a cada momento somos receptivos de la infinidad de señales que los otros emiten y reaccionamos a ellas. Por ejemplo vamos caminando por al calle y de pronto sin saber por qué cruzamos de vereda, si miramos veremos que estábamos por pasar junto a alguien cuyas señales nos provocaron rechazo sea por la causa que fuere. O entramos a un sitio y repentinamente cambiamos de opinión, o bien cuando vamos a sentarnos junto a una mesa optamos por otra. A unas personas desconocidas al encontrarse nuestras miradas les sonreímos, a otras les damos vuelta la cara. Un día en el trabajo sentimos que el "clima es tenso" o "negativo", otro día podemos sentir que "todo es agradable".

Podríamos seguir enumerando casos pero estos bastan para dar idea de lo mucho que nos afectan las señales no verbales.

Todos podemos ser "los hombres sabios" y conocer a otros por las señales que "sus cuerpos no saben callar".

Todos poseemos un cuerpo "indiscreto" que comunicándose con su infinita sabiduría nos guía en el camino del encuentro con nosotros y con los otros.

Sabemos que las señales no verbales que recibimos de los demás determinan nuestro comportamiento, al igual que nuestras señales afectan a los otros y ese afectarse mutuo es el que crea la "danza que danzamos".

Vale la pena ejercitarse en el arte de la buena comunicación verbal y corporal para ser un eximio bailarín o una eximia bailarina. Hacerlo implica que: ¡nunca nos falte compañero para esta danza!

9 798657 767056